Einwanderung oder Souveränität

Deutschland am Scheideweg

Impressum

Karl Albrecht Schachtschneider, Jost Bauch
Einwanderung oder Souveränität
Deutschland am Scheideweg

1. Auflage 2015
© by Gerhard Hess Verlag

Gesamtherstellung

Gerhard Hess Verlag
www.gerhard-hess-verlag.de

ISBN 978-3-87336-548-3

Einwanderung oder Souveränität

Deutschland am Scheideweg

von Karl Albrecht Schachtschneider
und Jost Bauch

Gerhard Hess Verlag

Inhalt

Vorwort

Ein Staat besteht aus einem Staatsvolk, das auf einem Staatsgebiet lebt und mittels des Staates Staatsgewalt ausübt. Die Staatsgewalt ist, freiheitlich und damit republikanisch definiert, die Souveränität der Bürger, jedes einzelnen und aller zusammen. Der Staat ist die Organisation der Bürgerschaft, des Volkes also, die nach Maßgabe von Verfassung und Gesetz als dem Willen der Bürger deren gemeinsames Wohl verwirklichen soll. Masseneinwanderung verändert das Volk. Wenn Regierung und Parlament Fremde in großer Zahl zur Einwanderung einladen, tauschen sie auf lange Sicht den Souverän, das Volk, aus. Das übersteigt ihre Befugnisse und verletzt die freiheitliche demokratische Grundordnung. Allenfalls das Volk selbst kann sein Land zum Einwanderungsland erklären. Die Landnahme der Fremden gerät auch mit dem Gebietsprinzip in Konflikt, weil das Staatsgebiet das Eigene des Volkes ist.

Eine multikulturelle Zufallsbevölkerung ist nicht fähig, ein freiheitliches Gemeinwesen zu gestalten. Das geht ohne hinreichende Homogenität nicht, die bestmöglich eine aufgeklärte Bürgerlichkeit ist. Postnationalität ist unvermeidlich auch postdemokratisch. Sie wird freiheitliche Republiken in Regionen einer weltweiten Despotie verwandeln, die kein Innen und Außen mehr kennt. In der One World ohne Souveränität gibt es keine Staatsgewalt, aber wenige mächtige und reiche Herren über große Massen armer untertäniger Arbeiter und Verbraucher, das Gegenteil einer Bürgergesellschaft.

In diesem Büchlein werden zum einen rechtlich die Souveränität in deren freiheitlichem Begriff und Grenzen, aber auch deren Verletzungen zumal in der Europäischen Union und zum anderen gesellschaftswissenschaftlich die katastrophalen Konsequenzen der Masseneinwanderung beleuchtet.

Karl Albrecht Schachtschneider erörtert die Souveränität der Deutschen und die durchgehende Illegalität der Zuwanderung nach Verfassung und

Gesetz. Die Überwucherung des Rechts durch den Moralismus ist die Erscheinungsform des neuen deutschen Gutmenschentums. Der Staat versagt in seiner Kernaufgabe, der Verwirklichung des Rechts. „Souverän ist, wer über den Ausnahmezustand entscheidet", hat Carl Schmitt formuliert. Dieser Souverän stellt sich über das Recht und schafft eine andere Ordnung. Das erleben wir. Nur ist das der größte Frevel gegen Demokratie und Rechtsstaat. Die Regierung hat den Willen des Volkes, in Verfassung und Gesetz formuliert, auszuführen. Das ist ihr Eid. Mit dem Satz:„Politik ist ausübende Rechtslehre", hat Kant das Grundprinzip des Ewigen Friedens benannt. Die Souveränität des Volkes verbietet es, die Verantwortung für die Sicherheit und Ordnung, für die Rechtlichkeit des gemeinsamen Lebens im Innern und nach außen, aus der Hand zu geben. Das Volk als Souverän hat gegen das schwere Unrecht das grundrechtlich geschützte Recht und die sittliche Pflicht zum Widerstand, um die verfassungsmäßige Ordnung wiederherzustellen. Widerstand freier Menschen ist gewaltfrei. Er hat viele Formen.

Die Masseneinwanderung bedarf einer soziologischen Analyse in kritischer Perspektive. Das Fremde ist zu begreifen. Das unterbleibt wegen des oktroyierten Egalitarismus aller Orten, weil die etablierte Soziologie zum „Herrschaftswissen" gehört und ihr Wissen dem Zeitgeist unterwirft. Jost Bauch bietet einen Gegenentwurf an. Der Verfall des Staates samt seiner Ordnungsfunktion führt unübersehbar zur „Disaggregierung" der Gesellschaft, die soziale Kohäsion schwindet dahin. Am Ende des „langen Abschieds vom Nationalstaat", der „Destruktion der Nation" steht ein „bellum omnium contra omnes", ein Krieg aller gegen alle, so wie ihn Thomas Hobbes bereits im Jahre 1651 als Konsequenz der Religionskriege beschrieben hat. Darin wiederholt sich Geschichte, jetzt droht der weltweite Bürgerkrieg. Er hat schon begonnen.

Angesichts dieser Entwicklung der politisch geförderten hemmungslosen Invasion von Fremden erfasst eine gewisse Fassungslosigkeit jeden vernünftig denkenden Bürger. Neben aller nüchternen Analyse soll diese Schrift durchaus als Aufschrei des Entsetzens über die aktuelle Einwanderungspolitik der politischen Klasse von zwei in ihrem Fachgebiet nicht ganz unbekannten Wissenschaftlern und Publizisten verstanden werden.

Karl Albrecht Schachtschneider, Jost Bauch

Karl Albrecht Schachtschneider

Verfassungswidrige Einwanderung von Flüchtlingen nach Deutschland

Ein Überblick über die Rechtslage

Die asylrechtliche Zuwanderungspolitik soll im Folgenden auf den Prüfstein des Grundgesetzes gestellt werden:

Subjektives Recht der Flüchtlinge auf Asylrecht?

„Politisch Verfolgte genießen Asylrecht", lautete Art. 16 Abs. 2 S. 2 GG und lautet nach der asylrechtlichen Grundgesetzänderung 1993 Art. 16 a Abs. 1 GG. Dem neuen Grundgesetzartikel wurde allerdings ein Absatz 2 hinzugefügt, der das Grundrecht auf Asylrecht wesentlich einschränkt. Art. 14 Abs. 1 der Allgemeinen Erklärung der Menschenrechte formuliert; „Jeder hat das Recht, in anderen Ländern vor Verfolgung Asyl zu suchen und zu genießen". Auch das Genfer Abkommen über die Rechtsstellung der Flüchtlinge von 1951/1967 gibt den Flüchtlingen eine ähnliche Status, aber kein subjektives Recht auf Aufnahme in das Zufluchtsland.

Die Staatenpraxis hat in dem Asylrecht immer, ähnlich dem früheren Kirchenasyl, ein Recht der Staaten gegenüber anderen Staaten gesehen, deren Staatsangehörigen vor deren politischer Verfolgung Schutz zu gewähren, ein Schutz, der eigentlich eine Verletzung der Personalhoheit des Verfolgerstaates ist.

Ein subjektives, also einklagbares, Recht auf Asylrecht praktiziert auf Grund einer frühen und stetigen Judikatur des Bundesverfassungsgerichts nur Deutschland. Diese Judikatur war und ist irrig. Dem Völkerrecht entsprach sie nie. Das zeigt der deutlichere Wortlaut der Menschenrechtserklärung, vor allem aber das Wort „genießt", mit dem ein subjektives Recht zu formulieren geradezu abwegig ist. Wenn jemandem Asyl gewährt wird, dann kann er es als eine Art des vorübergehenden Aufenthaltsrechts genießen und ist vor Auslieferung sicher. Das subjektive Recht hat zu langjährigen Asylverfahren geführt, welche außerordentliche Schwierigkeiten mit sich bringen und immense Kosten verursachen.

Politische Verfolgung als Asylrechtsgrund

Wie schon beim Zuwanderungssturm in den frühen neunziger Jahren sind die meisten Asylanträge erfolglos. Meist stellen diese mißbräuchlich Wirtschaftsflüchtlinge, die ein besseres Leben in Deutschland suchen. Ubi bene ibi patria, ist deren Maxime. Rechtsmißbrauch ist kein Rechtsgebrauch und somit nicht schutzwürdig. Es versteht sich, daß wirtschaftliche Not eines Landes kein Asylgrund ist. Aber auch Krieg eines Landes oder Bürgerkrieg in einem Land wird nicht als politische Verfolgung anerkannt. Nur die persönliche Verfolgung eines Menschen, „durch die er in seinem Leben oder seiner Freiheit wegen seiner Rasse, Religion, Nationalität, seiner Zugehörigkeit zu einer bestimmten sozialen Gruppe oder wegen seiner politischen Überzeugung bedroht ist", schafft nach der Genfer Flüchtlingskonvention, die auch im Rahmen des Asylgrundrechts praktiziert wird, einen Asylgrund (Art. 1 A Nr. 2 der Konvention). Die Verfolgung muß von dem Herkunftsstaat des Verfolgten ausgehen oder von den Kräften, die ein Land oder einen Landesteil wie ein Staat beherrschen. Es genügt, daß der Herkunftsstaat keinen Schutz gegen die Verfolgung leistet. Die Lebensgefahr, die etwa vom „Islamischen Staat" in Syrien für Schiiten, Jesiden, Christen oder nicht religiöse Menschen ausgeht, mag als politische Verfolgung im Sinne des Asylrechts angesehen werden, ist aber eher ein Element des Bürgerkriegs in Syrien, der dort von fremden Mächten herbeigeführt wurde und fortgesetzt wird. Zu bedenken ist der subsidiäre internationale Schutz, auf den ich unten eingehe.

Seit 1993 kein Asylgrundrecht bei Einreise aus sicheren Staaten

Die Judikatur des Bundesverfassungsgerichts hatte zu derart untragbaren Belastungen für Deutschland geführt, daß nach langen Auseinandersetzungen in Abstimmung mit der Europäischen Union das Grundrecht auf das Asylrecht geändert wurde. Absatz 2 Satz 1 des Art. 16 a GG schränkt die Berufung auf das Grundrecht des Absatz 1 und damit den asylrechtlichen Grundrechtsschutz drastisch ein, nämlich:

„Auf Absatz 1 kann sich nicht berufen, wer aus einem Mitgliedstaat der Europäischen Gemeinschaften oder aus einem anderen Drittstaat einreist, in dem die Anwendung des Abkommens über die Rechtsstellung der Flüchtlinge und der Konvention zum Schutze der Menschenrechte und Grundfreiheiten sichergestellt ist."

Diese Änderung des Grundgesetzes, eine Notwendigkeit für Deutschland, hat scharfe Kritik der Asylrechtsbefürworter ausgelöst. Sie wurde aber vom Bundesverfassungsgericht in ihrer Relevanz, das Grundrecht in den tatbestandlichen Fällen aufzuheben, in der Grundsatzentscheidung vom 14. Mai 1996 anerkannt (BVerfGE 94, 49 ff.). Das Gericht hat zu Rn. 166 ausgesprochen:

„Das vom verfassungsändernden Gesetzgeber gewählte Konzept der sicheren Drittstaaten beschränkt den persönlichen Geltungsbereich des in Art. 16 a Abs. 1 GG nach wie vor gewährleisteten Grundrechts auf Asyl. Die Regelung knüpft an den Reiseweg des Ausländers Folgerungen für dessen Schutzbedürftigkeit: Wer aus einem sicheren Drittstaat im Sinne des Art. 16a Abs. 2 Satz 1 GG anreist, bedarf des Schutzes der grundrechtlichen Gewährleistung des Absatzes 1 in der Bundesrepublik Deutschland nicht, weil er in dem Drittstaat Schutz vor politischer Verfolgung hätte finden können. Der Ausschluß vom Asylgrundrecht ist nicht davon abhängig, ob der Ausländer in den Drittstaat zurückgeführt werden kann oder soll. Ein Asylverfahren findet nicht statt. Es entfällt auch das als Vorwirkung eines grundrechtlichen Schutzes gewährleistete vorläufige Bleiberecht. Hieran knüpft Art. 16a Abs. 2 Satz 3 GG die Folge, daß in den Fällen des Satzes 1 aufenthaltsbeendende Maßnahmen unabhängig von einem hiergegen eingelegten Rechtsbehelf vollzogen werden können".

Der verfassungsändernde Gesetzgeber hat mittels Art. 16 a GG den Fehler des Bundesverfassungsgerichts in der frühen, asylrechtlich problemlosen Zeit, weitgehend wiedergutgemacht und das subjektive Recht auf Asyl für die meisten Asylbewerber aufgehoben. Dem Gericht blieb nichts anders übrig, als das zu akzeptieren. Der Wortlaut der Novellierung ist eindeutig. Wer jedenfalls aus einem Mitgliedstaat der Europäischen Union einreist, kann sich auf das Asylgrundrecht nicht berufen. Das sind fast alle Asylbewerber, die nach Deutschland anders als mit dem Flugzeug oder mit dem Schiff über die Nordsee oder Ostsee einreisen; denn Deutschland hat außer zur Schweiz nur Grenzen zu Mitgliedstaaten der Union. Die Schweiz ist allemal ein sicherer Drittstaat im Sinne des zitierten Satz 1 von Absatz 2 des Art. 16 a GG. Das Bundesverfassungsgericht hat in der zitierten Leitentscheidung in Rn. 186 klargestellt:

„Da nach der derzeit geltenden Rechtslage (Art. 16a Abs. 2 Satz 1 GG und Anlage I zu § 26a AsylVfG) alle an die Bundesrepublik Deutschland angrenzenden Staaten sichere Drittstaaten sind, ist ein auf dem Landweg in die Bundesrepublik Deutschland einreisender Ausländer von der Berufung auf Art. 16a Abs. 1 GG ausgeschlossen, auch wenn sein Reiseweg nicht im einzelnen bekannt ist".

Die Einreise aus allen Nachbarstaaten ist somit durchgehend illegal und wird nicht durch ein Asylbegehren gerechtfertigt. Sie ist zudem strafbar. Sie geschieht dennoch massenhaft und wird geradezu gefördert.

Normative Vergewisserung der Sicherheit im Drittstaat

Weiter erklärt das Gericht zu Rn. 190 des Urteils:

„Der Regelungsgehalt des Art. 16a Abs. 2 GG folgt aus dem mit dieser Verfassungsnorm verfolgten Konzept einer normativen Vergewisserung über die Sicherheit im Drittstaat. Die Mitgliedstaaten der Europäischen Gemeinschaften gelten als sicher kraft Entscheidung der Verfassung. Andere Staaten können durch den Gesetzgeber aufgrund der Feststellung, daß in ihnen die Anwendung der Genfer Flüchtlingskonvention und der Europäischen Menschenrechtskonvention sichergestellt ist, zu sicheren Drittstaaten bestimmt werden (Art. 16a Abs. 2 Satz 2 GG). Diese normative Vergewisserung bezieht sich darauf, daß der Drittstaat einem Betroffenen, der sein Gebiet als Flüchtling erreicht hat, den nach der Genfer Flüchtlingskonvention und der Konvention zum Schutze der Menschenrechte und Grundfreiheiten gebotenen Schutz vor politischer Verfolgung und anderen ihm im Herkunftsstaat drohenden schwerwiegenden Beeinträchtigungen seines Lebens, seiner Gesundheit oder seiner Freiheit gewährt; damit entfällt das Bedürfnis, ihm Schutz in der Bundesrepublik Deutschland zu bieten. Insoweit ist die Sicherheit des Flüchtlings im Drittstaat generell festgestellt. Art. 16a Abs. 2 GG sieht nicht vor, daß dies im Einzelfall überprüft werden kann. Folgerichtig räumt Satz 3 des Art. 16a Abs. 2 GG den Behörden kraft Verfassungsrechts die Möglichkeit ein, den Flüchtling in den Drittstaat zurückzuschicken, ohne daß die Gerichte dies im einstweiligen Rechtsschutzverfahren verhindern dürfen. Auch ein Vergleich mit Art. 16a Abs. 3 GG macht deutlich, daß eine Prüfung der Sicherheit eines Ausländers im Drittstaat im Einzelfall nicht stattfindet. Gemäß Art. 16a Abs. 3 GG kann der aus einem sicheren Herkunftsstaat kommende Asylbewerber die Vermutung, er werde dort nicht politisch verfolgt, durch individuelles Vorbringen ausräumen. Art. 16a Abs. 2 GG enthält keine vergleichbare Regelung. Das ist auch der Wille des verfassungsändernden Gesetzgebers und der Sinn des Konzepts normativer Vergewisserung; denn dieses soll die Grundlage dafür bieten, den schutzbegehrenden Ausländer im Interesse einer effektiven Lastenverteilung

alsbald in den Drittstaat zurückzuführen. Die Frage ist auch im Gesetzgebungsverfahren mehrfach erörtert worden".

Ähnliches gilt nach Absatz 3 des Art. 16 a GG für Asylbewerber aus einem Drittstaat, für den ein Bundesgesetz bestimmt hat, „daß dort weder politische Verhältnisse noch unmenschliche oder erniedrigende Bestrafung oder Behandlung staatfindet" (Satz 1). „Es wird vermutet, daß ein Ausländer aus einem solchen Staat nicht verfolgt wird, solange er nicht Tatsachen vorträgt, die die Annahme begründen, daß er entgegen dieser Vermutung politisch verfolgt wird." (Satz 2). Die „normative Vergewisserung", wie das das Bundesverfassungsgericht in dem angeführten Urteil Rn. 190 u.ö. nennt, ist relativiert. Sie läßt dem Bewerber die Möglichkeit, seine politische Verfolgung zu beweisen. Das ist schwer. Die Vermutung spricht gegen sein Asylrecht. Das betrifft die meisten Länder des früheren Jugoslawien.

Wer sich auf das Grundrecht auf Asylrecht nicht berufen kann, muß an der Grenze zurückgewiesen oder aus dem grenznahen Raum zurückgeschoben werden. § 18 Abs. 2 des Asylverfahrensgesetzes, jetzt Asylgesetz, stellt das im Sinne des Art. 16 a Abs. 2 S. 1 GG klar:

Pflicht zur Einreiseverweigerung oder Zurückschiebung

„(2) Dem Ausländer ist die Einreise zu verweigern, wenn
1. *er aus einem sicheren Drittstaat (§ 26a) einreist,*
2. *Anhaltspunkte dafür vorliegen, dass ein anderer Staat auf Grund von Rechtsvorschriften der Europäischen Gemeinschaft oder eines völkerrechtlichen Vertrages für die Durchführung des Asylverfahrens zuständig ist und ein Auf- oder Wiederaufnahmeverfahren eingeleitet wird, oder*
3. *er eine Gefahr für die Allgemeinheit bedeutet, weil er in der Bundesrepublik Deutschland wegen einer besonders schweren Straftat zu einer Freiheitsstrafe von mindestens drei Jahren rechtskräftig verurteilt worden ist, und seine Ausreise nicht länger als drei Jahre zurückliegt.*

(3) Der Ausländer ist zurückzuschieben, wenn er von der Grenzbehörde im grenznahen Raum in unmittelbarem zeitlichem Zusammenhang mit einer unerlaubten Einreise angetroffen wird und die Voraussetzungen des Absatzes 2 vorliegen.

(4) Von der Einreiseverweigerung oder Zurückschiebung ist im Falle der Einreise aus einem sicheren Drittstaat (§ 26a) abzusehen, soweit
1. *die Bundesrepublik Deutschland auf Grund von Rechtsvorschriften der Europäischen Gemeinschaft oder eines völkerrechtlichen Vertrages mit dem sicheren Drittstaat für die Durchführung eines Asylverfahrens zuständig ist oder*

2. *das Bundesministerium des Innern es aus völkerrechtlichen oder humanitären Gründen oder zur Wahrung politischer Interessen der Bundesrepublik Deutschland angeordnet hat.*

   (5) Die Grenzbehörde hat den Ausländer erkennungsdienstlich zu behandeln".

„Humanitäre Gründe" und Rechtsstaatlichkeit

Eine Anordnung des Bundesministeriums des Innern nach Absatz 4 Nr. 2 des soeben zitierten § 18 Asylgesetzes, von der Einreisverweigerung oder der Zurückschiebung abzusehen, ist nicht bekannt, jedenfalls mir nicht. Sie müßte nicht einmal veröffentlicht werden und wäre schon deswegen mit dem demokratischen Öffentlichkeitsprinzip unvereinbar. Wenn es eine solche Anordnung gibt, ist diese auch aus den folgenden Gründen verfassungswidrig und nichtig.

Der Begriff der „humanitären Gründe" ist grenzenlos weit. Die Formel von den „humanitären Gründen" ist nicht neu. Sie stand auch schon im alten Ausländergesetz und vermochte eine Aufenthaltserlaubnis zu rechtfertigen. Jetzt ermöglicht diese Formel dem Bund und, wie unten dargelegt wird, einem Land den Zugang bzw. die zeitlich begrenzte Duldung von Ausländern trotz deren illegalen Aufenthalts in Deutschland. Humanitäre Gründe sind genausowenig wie der Begriff der „Wahrung politischer Interessen der Bundesrepublik Deutschland" geeignet, in einem Rechtsstaat eine gesetzliche Regelung, die eine Vorschrift des Verfassungsgesetzes materialisiert und zudem von der aus der Souveränität des Volkes folgenden Gebietshoheit gefordert ist, unter den Vorbehalt einer Ministeranordnung zu stellen, also eines Verwaltungsaktes oder einer Allgemeinverfügung oder auch nur dienstlichen Weisung des Ministers. Die Begriffe sind gänzlich unbestimmt. Der Begriff der humanitären Gründe ist ohne Willkür nicht subsumtionsfähig. Er könnte allenfalls durch eine Rechtsverordnung des Bundes oder der Länder näher materialisiert werden. Das heißt nicht, dass die Duldung illegalen Aufenthalts von Ausländern überhaupt erlaubt werden darf. Nichts anderes gilt für den Begriff der politischen Interessen der Bundesrepublik Deutschland. Das ist der allgemeinste Begriff des Staatsrechts, der zwingend der Materialsierung im demokratischen Verfahren bedarf, also des Gesetzes. Dazu kann ein Minister selbst als Regierungsmitglied nicht befugt werden. Nicht einmal eine Ermächtigung zum Erlaß einer Rechtsverordnung wäre durch diese Formel nach Inhalt, Zweck und

Ausmaß hinreichend bestimmt, wie das Art. 80 Abs. 1 S. 2 GG vorschreibt. Die Flüchtlingsinvasion zeigt, welche schicksalhaften Ereignisse der Regelung durch eine bloße Anordnung des Ministers unterliegen können. Das ist demokratisch und rechtsstaatlich, aber auch sozialstaatlich untragbar.

Humanitär ist es, menschlich zu handeln. Menschlichkeit (Humanitas, Humanität) ist der Imperativ eines freiheitlichen Gemeinwesens. Sie ist die Sittlichkeit, dessen Gesetz der kategorische Imperativ ist, das Sittengesetz. Dieser Imperativ der allgemeinen und gleichen Freiheit steht in Art. 2 Abs. 1 GG, der die Fundamentalnorm des Grundgesetzes, Art. 1 Abs. 1 S. 1 GG, die Unantastbarkeit der Menschenwürde, näher entfaltet. Die gesamte Ordnung der Republik ist um Menschlichkeit bemüht, also human. Was die Humanität gebietet, ist offen, wenn nicht formal und damit material unbestimmt. Sie wird durch die Rechtsordnung insgesamt materialisiert. Inhumane Vorschriften gehören nicht in eine freiheitliche und demgemäß demokratische Rechtsordnung. Für eine freiheitliche und demokratische Ordnung fundamental sind die Menschenwürde als Leitprinzip und die Menschenrechte, aber auch die Strukturprinzipien, die Art. 20 GG ausweist, nämlich das demokratische, das soziale und insbesondere das Rechtsstaatsprinzip.

Zum letzteren gehört die rechtliche Gesetzlichkeit. Sie besagt, dass die Ausübung der Staatsgewalt, das wesentliche Handeln des Staates, außer der Gesetzgebung und Rechtsprechung der Vollzug von Gesetzen ist (Art. 20 Abs. 2 S. 2 GG). Rechtmäßige können aber nur Gesetze vollzogen werden, die hinreichend bestimmt sind. Allzu offene oder gar unbestimmte Gesetze ermöglichen der Verwaltung Willkür, jedenfalls machen sie die Verwaltung vom Gesetzgeber unabhängig und lösen die Verwaltung von der demokratischen Legalität, weil der Vollzug des Willens des Volkes, der in den Gesetzen beschlossen liegt, nicht gesichert ist. Außerdem lassen allzu offene und unbestimmte Gesetze keine Bindung der Richter an die Gesetze zu, wie es Art. 97 Abs. 1 GG gebietet, und delegalisieren dadurch die Rechtsprechung. Das Bestimmtheitsprinzip ist ein Kardinalprinzip des Rechtsstaates.

Ein Tatbestandsmerkmal wie das der „humanitären Gründe" delegiert die Rechtsetzung an die Verwaltung. Das läßt der demokratische Rechtsstaat nicht zu. Selbst als Ermächtigung, Rechtsverordnungen zu erlassen, wäre diese Formel, wie gesagt, bedenklich, weil deren Inhalt, Zweck und Ausmaß schwerlich zu bestimmen wären. § 18 Abs. 4 Nr. 2 Asylgesetz ist aber der Form nach nicht einmal eine Verordnungsermächtigung. Die Vorschrift ermächtigt vielmehr die Verwaltung, näherhin die oberste Bundesbehörde, ein Bundesministerium, zur Anordnung, vom gesetzesgemäßen Vollzug des Asylgesetzes abzusehen. Das widerspricht dem Rechtsstaatsprinzip. Auch das Asylrecht, das subsidiäre Schutzrecht und das Aufenthaltsrecht sind Teil der humanen Rechtsordnung Deutschlands, also der Menschenwürde gemäß. Sie lassen keine Verwaltungsmaßnahmen zu, welche die Humanität mißachten. Ganz im Gegenteil, das Asylrecht, das Schutzrecht und das Aufenthaltsrecht von Ausländern gelten ausgesprochen als Teil des humanitären Rechts unter den Völkern. Das Bundesverfassungsgericht hat klargestellt, daß das Grundrecht auf Asylrecht nicht aus der Menschwürde folgt und darum der gesetzgeberischen Gestaltung fähig ist. Somit ist auch die Begrenzung des Grundrechts auf Asylrecht in Absatz 2 des Art. 16a GG human. Schließlich droht den Flüchtlingen, die aus einem Land der Europäischen Union oder aus einem sicheren Drittstaat einreisen, keine Gefahr durch politische Verfolgung aus dem Einreisestaat (BVerfGE 94, 49 Rn. 166, oben zitiert). Das gilt erst recht für das durch die Europäische Union eingeführte subsidiäre Schutzrecht, auf das ich unten eingehe.

Auch die wegen Art. 16 Abs. 2 S. 1 GG regelmäßig verfassungswidrigen und zudem langdauernden Asyl- und Schutzrechtsverfahren sind der Sache nach eine rechtsstaatswidrige Duldung illegalen Aufenthalts von Fremden in Deutschland. Der illegale Aufenthalt wird nach den verbindlichen Ablehnungen der Asyl- oder Schutzanträge durch die Abschiebeverfahren der Verwaltung und die oft, wenn nicht meist folgenden Gerichtsverfahren über die Abschiebeverfügungen noch erheblich verlängert. Das kostet die Steuerzahler nicht nur Milliarden, sondern vergiftet den Frieden des Landes.

Die Duldung illegalen Aufenthalts wird zwar schon lange und in vielen Fällen praktiziert, ist aber dennoch nach wie vor mit Prinzipien des Rechtsstaates unvereinbar, soweit sie nicht zu einem Abschiebungsverbot gemacht ist. Eine rechtsstaatliche Regelung der Duldung illegalen Handelns kann kein Rechtsstaat bewerkstelligen. Das ist gegen das Gesetzlichkeitsprinzip nicht möglich.

Schengen-Durchführungsübereinkommen

Das Schengen-Abkommen, das in verhängnisvoller Weise die Paßkontrollen an den Binnengrenzen des Schengen-Raumes abgeschafft hat, ändert an der dargelegten asyl- und schutzrechtlichen Lage nichts. Wer die Binnengrenzen des Schengen-Raumes überall und unkontrolliert überschreiten will, muß in den Vertragsstaaten ein Aufenthaltsrecht oder zumindest einen Schengen-Sichtvermerk (Visum) für den kurzfristigen Aufenthalt in dem Vertragsstaat, den er betritt, oder für die Durchreise durch einen Vertragsstaat, den er durchquert, haben. Asylbewerber halten sich illegal in Deutschland auf, wenn sie nicht berechtigt sind, einen Asyl- oder Schutzrechtsantrag in Deutschland zu stellen, weil sie aus einem Mitgliedstaat der Europäischen Union oder einem sicheren Herkunftsstaat einreisen. Selbst wenn sie ein Recht zur Antragsstellung haben oder hätten, wäre ihr Aufenthalt im Sinne des Schengen-Übereinkommens nicht legal. Art. 28 ff. des Schengen Durchführungsübereinkommens vom 14. Juni 1985 (in der Fassung von 2010 nach Änderung durch VO (EU) Nr. 265/2010; SDÜ) regelt lediglich die Zuständigkeit für Asylverfahren unter den Schengen-Staaten, ändert aber nichts an den nationalen Bestimmungen für die Einreise. Art. 29 des Abkommens bestimmt:

> *„(1) Die Vertragsparteien verpflichten sich, jedes Asylbegehren, das von einem Drittausländer in dem Hoheitsgebiet einer der Vertragsparteien gestellt wird, zu behandeln.*
>
> *(2) Diese Verpflichtung führt nicht dazu, dass in allen Fällen dem Asylbegehrenden die Einreise in das Hoheitsgebiet der betreffenden Vertragspartei gewährt werden muss oder er sich dort aufhalten kann.*
> *Jede Vertragspartei behält sich das Recht vor, einen Asylbegehrenden nach Maßgabe ihres nationalen Rechts und unter Berücksichtigung ihrer internationalen Verpflichtungen in einen Drittstaat zurück- oder auszuweisen".*

Das Grundgesetz und das Asylgesetz sind somit uneingeschränkt anzuwenden. Die Einreise ist im Regelfall zu verweigern und wenn die Fremden nach Deutschland eingedrungen sind, sind sie zurückzuschieben.

Im übrigen stellt Art. 2 das SDÜ im Sinne der essentiellen Hoheit und Verantwortung der Mitgliedstaaten über bzw. für die Sicherheit und Ordnung in ihren Ländern klar:

> *„(1) Die Binnengrenzen dürfen an jeder Stelle ohne Personenkontrollen überschritten werden.*
>
> *(2) Wenn die öffentliche Ordnung oder die nationale Sicherheit es indessen erfordern, kann eine Vertragspartei nach Konsultation der anderen Vertragsparteien beschließen, dass für einen begrenzten Zeitraum an den Binnengrenzen den Umständen entsprechende nationale Grenzkontrollen durchgeführt werden. Verlangen die öffentliche Ordnung oder die nationale Sicherheit ein*

sofortiges Handeln, so ergreift die betroffene Vertragspartei die erforderlichen Maßnahmen und unterrichtet darüber möglichst frühzeitig die anderen Vertragsparteien".

Das entspricht auch Art. 72 AEUV, der die „Zuständigkeit" der Mitgliedstaaten im „Raum der Freiheit, der Sicherheit und des Rechts" für die „öffentliche Ordnung und den Schutz der inneren Sicherheit" durch die Regelungen des Titels unberührt läßt. Zudem kann das Schengen-Abkommen jederzeit von jedem Vertragsstaat gekündigt werden.

Subsidiärer Schutz für Flüchtlinge aus Krieg und Bürgerkrieg

Krieg und Bürgerkrieg sind genausowenig wie wirtschaftliche Not Asylrechtsgründe, in keinem Land und nach keinem Rechtstext. Aber der „subsidiäre internationale Schutz", den die Dublin III – Verordnung der Europäischen Union vom 29. Juni 2013 regelt, die seit dem 1. Januar 2014 anzuwenden ist (Verordnung (EU) Nr. 604/2013 des Europäischen Parlaments und des Rates vom 26. Juni 2013 zur Festlegung der Kriterien und Verfahren zur Bestimmung des Mitgliedstaats, der für die Prüfung eines von einem Drittstaatsangehörigen oder Staatenlosen in einem Mitgliedstaat gestellten Antrags auf internationalen Schutz zuständig ist), geht darüber hinaus. § 4 des Asylgesetzes schreibt im Sinne der Dublin III- Verordnung gemäß Art. 15 ff. der Richtlinie 2011/95/EU des Europäischen Parlaments und des Rates vom 13. Dezember 2011 vor:

„1)   Ein Ausländer ist subsidiär Schutzberechtigter, wenn er stichhaltige Gründe für die Annahme vorgebracht hat, dass ihm in seinem Herkunftsland ein ernsthafter Schaden droht. Als ernsthafter Schaden gilt:

1.   die Verhängung oder Vollstreckung der Todesstrafe,

2.   Folter oder unmenschliche oder erniedrigende Behandlung oder Bestrafung oder

3.   eine ernsthafte individuelle Bedrohung des Lebens oder der Unversehrtheit einer Zivilperson infolge willkürlicher Gewalt im Rahmen eines internationalen oder innerstaatlichen bewaffneten Konflikts.

(2)   Ein Ausländer ist von der Zuerkennung subsidiären Schutzes nach Absatz 1 ausgeschlossen, wenn schwerwiegende Gründe die Annahme rechtfertigen, dass er

1.   ein Verbrechen gegen den Frieden, ein Kriegsverbrechen oder ein Verbrechen gegen die Menschlichkeit im Sinne der internationalen Vertragswerke begangen hat, die ausgearbeitet worden sind, um Bestimmungen bezüglich dieser Verbrechen festzulegen,

2.   eine schwere Straftat begangen hat,

3. *sich Handlungen zuschulden kommen lassen hat, die den Zielen und Grundsätzen der Vereinten Nationen, wie sie in der Präambel und den Artikeln 1 und 2 der Charta der Vereinten Nationen (BGBl. 1973 II S. 430, 431) verankert sind, zuwiderlaufen oder*
4. *eine Gefahr für die Allgemeinheit oder für die Sicherheit der Bundesrepublik Deutschland darstellt.*

Diese Ausschlussgründe gelten auch für Ausländer, die andere zu den genannten Straftaten oder Handlungen anstiften oder sich in sonstiger Weise daran beteiligen.

(3) Die §§ 3c bis 3e gelten entsprechend. An die Stelle der Verfolgung, des Schutzes vor Verfolgung beziehungsweise der begründeten Furcht vor Verfolgung treten die Gefahr eines ernsthaften Schadens, der Schutz vor einem ernsthaften Schaden beziehungsweise die tatsächliche Gefahr eines ernsthaften Schadens; an die Stelle der Flüchtlingseigenschaft tritt der subsidiäre Schutz".

Es muß eine „individuelle Bedrohung" im Herkunftsland stichhaltig vorgebracht werden. Die besteht nicht, wenn ein Flüchtling bereits in einem Flüchtlingslager Schutz gefunden hatte oder sich nicht aus seinem ihn bedrohenden Herkunftsland auf den Weg nach Deutschland gemacht hat, etwa Syrer aus einem Flüchtlingslager im Libanon oder der Türkei oder einem Arbeitsaufenthalt in Saudi-Arabien. Die allgemeine Bedrohung durch einen Bürgerkrieg erfüllt den Tatbestand nicht. Darum kann auch nicht die undifferenzierte Aufnahme von großen Gruppen von Flüchtlingen auf die zitierte Vorschrift gestützt werden.

Schutzzuständigkeit in der Europäischen Union nach der Dublin III-Verordnung

Absatz 5 des Art. 16 a GG erlaubt „völkerrechtliche Verträge" vor allem von „Mitgliedstaaten der Europäischen Union", die „Zuständigkeitsregelungen für die Prüfung von Asylbegehren einschließlich der gegenseitigen Anerkennung von Asylentscheidungen treffen". Ein solcher Vertrag ist der Vertrag von Lissabon, auf dessen Art. 78 Abs. 2 lit. E AEUV die „Dublin III-Verordnung" vom 29. Juni 2013 erlassen wurde, die seit dem 1. Januar 2014 anzuwenden ist (Verordnung (EU) Nr. 604/2013 des Europäischen Parlaments und des Rates vom 26. Juni 2013 zur Festlegung der Kriterien und Verfahren zur Bestimmung des Mitgliedstaats). Zweck ist, die Lasten der Asylverfahren und damit auch die Kosten und Belastungen der Länder und Völker zu verteilen.

Art. 3 der Verordnung lautet:

„Die Mitgliedstaaten prüfen jeden Antrag auf internationalen Schutz, den ein Drittstaatsangehöriger oder Staatenloser im Hoheitsgebiet eines Mitgliedstaats einschließlich an der Grenze oder in den Transitzonen stellt. Der Antrag wird von einem einzigen Mitgliedstaat geprüft, der nach den Kriterien des Kapitels III als zuständiger Staat bestimmt wird".

Die Kapitel III und IV regeln die mitgliedstaatliche Zuständigkeit insbesondere im Interesse der Einheit der Familien, zumal der Minderjährigen mit den Eltern oder Geschwistern, und nach der gesundheitlichen Hilfsbedürftigkeit der Flüchtlinge. Grundsätzlich ist aber der Staat zuständig, in dem der „Antrag auf internationalen Schutz" gestellt wird. Diese Verordnung bestimmt die Praxis der Zuwanderung. Sie ist in einem entscheidenden Punkt mit dem Grundgesetz unvereinbar, nämlich dem, daß der Antrag „an der Grenze" gestellt wird. Nach Art. 16a Absatz 2 S. 1 GG gibt es für die meisten Flüchtlinge, die in Deutschland Asyl begehren, kein Asylgrundrecht. Diese Regelung geht der bloß völkervertraglichen Regelung der Genfer Flüchtlingskonvention, die ohnehin kein subjektives Recht auf den Flüchtlingsstatus gibt, vor, weil völkerrechtliche Verträge keine subjektiven Rechte einzelner Menschen begründen, sondern nur die Staaten untereinander verpflichten. Das ist der Dualismus im Völkerrecht, wonach die innerstaatliche Anwendung der Verträge der Umsetzung durch nationale Gesetze bedarf. Die maßgebliche Regelung für Deutschland ist Art. 16a GG. Diese Vorschrift bezieht die Genfer Konvention in ihre Regelung auch textlich ein.

Nach Art. 49 Abs. 2 der Dublin III-Verordnung ist diese auf den internationalen und damit auch auf den subsidiären Schutz anzuwenden. Art. 13 der Dublin III-Verordnung regelt zuständigkeitsrechtlich in Absatz 1:

„Wird auf der Grundlage von Beweismitteln oder Indizien gemäß den beiden in Artikel 22 Absatz 3 dieser Verordnung genannten Verzeichnissen, einschließlich der Daten nach der Verordnung (EU) Nr. 603/2013 festgestellt, dass ein Antragsteller aus einem Drittstaat kommend die Land-, See- oder Luftgrenze eines Mitgliedstaats illegal überschritten hat, so ist dieser Mitgliedstaat für die Prüfung des Antrags auf internationalen Schutz zuständig. Die Zuständigkeit endet zwölf Monate nach dem Tag des illegalen Grenzübertritts".

Folglich ist für die Flüchtlinge, die etwa in Ungarn illegal eingereist sind, wo sie sich nicht haben registrieren lassen oder einen Antrag auf internationalen Schutz nicht gestellt haben, Ungarn für die Bearbeitung der Anträge auf internationalen Schutz zuständig. Hätten die Flüchtlinge in Ungarn oder in den Mitgliedstaaten der Europäischen Union sonst, in die sie gelangt sind, den Schutzantrag gestellt, wären diese für dessen Bearbeitung nach Art. 7 Abs. 2 der Dublin III-Verordnung zuständig, sofern nicht die vornehmlich familienrechtlich begründeten Ausnahmen greifen.

Die Europäischen Union trifft weitere Regelungen für den internationalen Schutz, wie die „Aufnahme-Richtlinie" 2013/33/EU vom 26. Juni 2013 zur Festlegung von Normen für die Aufnahme von Personen, die internationalen Schutz beantragen, die „Verfahrens-Richtlinie" 2013/32/EU zu gemeinsamen Verfahren für die Zuerkennung und Aberkennung des internationalen Schutzes vom 26. Juni 2013, oder die schon genannte „Anerkennungsrichtlinie" 2011/95/EU vom 13. Dezember 2011 über Normen für die Anerkennung von Drittstaatsangehörigen oder Staatenlosen als Personen mit internationalem Schutz, für einen einheitlichen Status für Flüchtlinge oder für Personen mit Anrecht auf subsidiären Schutz und für den Inhalt des zu gewährenden Schutzes. Diese Gesetze regeln fast jede Kleinigkeit des Schutzes, sind in dem hier besprochenen existentiellen Zusammenhang aber nicht bedeutsam.

Analoge Anwendung der Asylrechtsverfassung auf den subsidiären Flüchtlingsschutz

Die analoge Anwendung des Art. 16a Abs. 2 ff. GG erzwingt eine restriktive Interpretation der Dublin III-Verordnung und des Asylgesetzes, soweit diesen das Recht der Kriegs- oder Bürgerkriegsflüchtlinge entnommen wird, nach Deutschland zu kommen, um einen Antrag auf subsidiären internationalen Schutz zu stellen, den sie in dem Mitgliedstaat der Europäischen Union oder dem sicheren Drittstaat hätten stellen können, in den sie zunächst gekommen sind. Sie haben genauso wie die Asylbewerber kein Schutzbedürfnis mehr, weil die Gefahr behoben ist. 1993, als die Asylrechtsverfassung Deutschlands geändert wurde, gab es den subsidiären internationalen Schutz nicht. Sonst wäre er in die neue Asylverfassung einbezogen worden, zumal die Gefahren in vielen, wenn nicht den meisten Fällen von Kriegen und Bürgerkriegen ausgehen, die im Zeitpunkt der Asylverfassungsnovelle kein Asylrecht begründet haben. Auf die Gleichbehandlung von Asylbegehren und subsidiären Schutzanträgen sind die Regelungen der Dublin III-Verordnung und deren deutsche Umsetzungsgesetze auch zugeschnitten. Es gilt darum auch der souveränitätsrechtlich ohnehin gebotene asylrechtliche nationale Regelungsvorbehalt des Art. 29 Abs. 2 S. 2 des Schengen-Durchführungsübereinkommens, der oben zitiert ist. Der Analogie steht der Vorbehalt des Absatzes 5 des Art. 16a GG nicht entgegen, weil dieser nur „Zuständigkeitsregelungen für die Prüfung von Asylbegehren einschließlich der gegenseitigen Anerkennung von Asylentscheidungen" betrifft. Die Einschränkung des Grundrechts auf das Asylrecht ist aber material, weil kein Schutzbedürfnis besteht. Das ist für das Bedürfnis nach subsidiärem internationalem Schutz nicht anders. Den kann der Mitgliedstaat leisten, in den der Kriegs- oder Bürgerkriegsflüchtling in die Europäische Union eingereist ist. Es ist zu diesem Schutz, wenn er geboten ist, auf Grund der Dublin III-Verordnung verpflichtet. Diese Rechtslage ist bislang nicht gerichtlich klargestellt und dürfte wegen der ihr widersprechenden Praxis in Zweifel gezogen werden.

Auch die Einreise der Flüchtlinge etwa aus Syrien, die über sichere Drittstaaten, insbesondere Mitgliedstaaten der Europäischen Union, nach Deutschland kommen, ist somit verfassungswidrig.

Öffnung Deutschlands für Flüchtlinge gegen das Recht

Man läßt dennoch die Fremden ins Land, wenn sie das Wort „Asyl" oder „Flüchtling aus Syrien" sagen oder auch nur von anderen Unionsstaaten, beispielsweise Österreich, vertragswidrig an die Grenzen Deutschlands verbracht worden sind. Die Grenzen sind nicht gesichert und die Grenzbeamten sind überfordert. Das Deutschland der europäischen Integration versagt in der wichtigsten Aufgabe des Staates, der Abwehr der Illegalität. Der Aufenthalt der Flüchtlinge in Deutschland ohne Asylrecht und ohne susidiäres Schutzrecht ist illegal. Man muß dann die Fälle der Eindringlinge bearbeiten, um wegen der schutzrechtlichen Ausnahmen die Anwendbarkeit der Rechtsgrundlage für die jeweilige Abschiebeverfügung zu prüfen. Das dauert lange, kostet wegen des langen Aufenthalts der Bewerber immenses Geld und führt doch in den allermeisten Fällen zur Abweisung der Asylanträge und zu Abschiebeanordnungen, wenn die Fremden nicht aus eigenem Antrieb das Land verlassen. Aber die sogenannten Flüchtlinge haben den begehrten Zugang nach Deutschland gefunden, bleiben lange im Land, bekommen nach dem Asylbewerberleistungsgesetz gemäß dem menschenwürdegerechten Mindestbedarf ausreichende Hilfe, auch uneingeschränkte und insbesondere unbezahlte Krankenversorgung (grundlegend Bundesverfassungsgericht, Urteil vom 18. Juli 2012, BVerfGE 132, 134 ff.). Sie bleiben in den meisten Fällen dauerhaft in Deutschland, weil sie entgegen ihrer Pflicht nicht wieder in ihr Heimatland zurückkehren oder in ein anderes Land ausreisen. Die Abschiebung wird wegen der weit formulierten und noch weiter gehandhabten Schutzvorschriften gegen Abschiebungen eher selten verfügt und wenn sie verfügt und gerichtlich unangreifbar geworden ist, werden die „Flüchtlinge" aus mancherlei Gründen, etwa weil das winterliche Klima im Heimatland dem entgegensteht, etwa in Pakistan, einem der heißesten Länder des Globus, durch Duldungsanordnung der Länder, so im Freistaat Thüringen, unterbunden, eindeutig entgegen dem Rechtsstaatsprinzip und zudem auf rechtsstaatlich brüchiger Grundlage nach § 60 a Aufenthaltsgesetz. Die Anwesenheit der vermeintlich subsidiär Schutzberechtigten, meist aus Syrien, wird nicht einmal als illegaler Aufenthalt behandelt. Die Syrer, ob sie es sind oder nicht, werden vielmehr von vielen wohlmeinenden Menschen willkommen geheißen.

Faktische Einwanderung – Abschiebeverbote und Duldung

Die massenhafte Grenzüberschreitung der Fremden schafft die Probleme. Sie ist faktisch Einwanderung. Gerade diese Wirkung des Asylgrundrechts sollte die Verfassungsnovelle unterbinden. Sie wird aber durch die Praxis, die Fremden ins Land zu lassen und ihnen ein Verfahren zu geben, konterkariert. Insbesondere können die Asylbewerber, die kein Asylgrundrecht haben, Abschiebungsschutz nach § 60 Absatz 2 bis 7 Aufenthaltsgesetz oder nach Absatz 1 dieser Vorschrift sogenannten ergänzender Schutz auf Grund der Genfer Flüchtlingskonvention beanspruchen. Diesen Status erhalten Menschen, die die Konventions-Kriterien nicht erfüllen, aber dennoch als schutzbedürftig eingestuft werden. Sie bekommen ein befristetes Bleiberecht mit eingeschränkten sozialen Rechten.

Nur die Anträge weniger Asylbewerber sind erfolgreich. Die allermeisten werden abgelehnt. Aber die wenigsten abgelehnten Asylbewerber, die sich illegal in Deutschland aufhalten, werden abgeschoben. Es gibt vielfache Abschiebeverbote vor allem in § 60 Abs. 2 bis 7 Aufenthaltsgesetz, die humanitären Gründen folgen. Die sollen hier nicht abgehandelt werden. Trotz regelmäßiger Abschiebeverfügungen gegen die abgelehnten Asylbewerber, deren weiterer Aufenthalt in Deutschland nicht wegen der Abschiebungsverbote des Aufenthaltsgesetzes hingenommen werden muß, werden die wenigsten illegal im Lande befindlichen Fremden in ihr Herkunftsland oder in andere für sie sichere Länder verbracht. Sie werden geduldet. § 60 a Abs. 1 AufenthaltsG gibt eine mehr als fragliche Rechtsgrundlage für die Duldung. Er lautet:

> *„Die oberste Landesbehörde kann aus völkerrechtlichen oder humanitären Gründen oder zur Wahrung politischer Interessen der Bundesrepublik Deutschland anordnen, dass die Abschiebung von Ausländern aus bestimmten Staaten oder von in sonstiger Weise bestimmten Ausländergruppen allgemein oder in bestimmte Staaten für längstens sechs Monate ausgesetzt wird. Für einen Zeitraum von länger als sechs Monaten gilt § 23 Abs. 1."*

Verfassungswidrigkeit der „humanitären" Duldung

Der Begriff der „humanitären Gründe" in § 60 a AufenthaltsG ist genauso grenzenlos weit und demokratie- und rechtsstaatswidrig wie § 18 Abs. 4 Nr. 2 AsylverfahrensG. Nach § 60 a AufenthaltsG ist der jeweilige Landesminister, die oberste Landesbehörde, zur Anordnung der Duldung ermächtigt. Auch § 60 a Abs. 1 AufenthaltsG ist der Form nach nicht einmal eine Verordnungsermächtigung. Nach Art. 80 Abs. 1 GG kann der Bund außer die Bundesregierung und Bundesminister nur eine Landesregierung zum Erlaß von Rechtsverordnungen ermächtigen, nicht aber Landesminister. Die Vorschrift ermächtigt vielmehr die Verwaltung, näherhin die oberste Landesbehörde, zur Anordnung, den gesetzesgemäßen Vollzug des Abschiebungsrechts auszusetzen. Das widerspricht wiederum dem Rechtsstaatsprinzip. Das heißt nicht, dass die Duldung illegalen Aufenthalts von Ausländern überhaupt erlaubt werden darf.

Das Zuwanderungsgesetz vom 30. Juli 2004, das in Art. 1 das neue Aufenthaltsgesetz enthält, ist kompromisshaft. Erst der Vermittlungsausschuss hat die Vorschrift des § 60 a Abs. 1 AufenthaltsG in das Aufenthaltsgesetz gedrängt. Das Gesetz fördert Bleibemöglichkeiten von Ausländern, ohne als ein Einwanderungsgesetz strukturiert zu sein. Ausdruck der Kompromisshaftigkeit ist insbesondere § 60 a Abs. 1 AufenthaltsG.

Es ist mit der Rechtsstaatlichkeit eines unitarischen Bundesstaates unvereinbar, wenn ein Land ermächtigt wird, die Ausführung von Bundesrecht auf Grund einer Rechtsverordnung als einem materiellen Gesetz auszusetzen. Eine Rechtsverordnung kann nur die Ausführung eines Gesetzes näher regeln. Wenn sie die Ausführung des Bundesrechts aussetzt, hebt sie die Rechtsfolge des Gesetzes auf. Gesetzesersetzende oder gesetzesverändernde Rechtsverordnungen sind demokratie- und rechtsstaatswidrig. Nach Art. 84 Abs. 3 GG kommt nur eine Ausführung der Bundesgesetze in Frage, die den Gesetzen genügt. Davon kann auch der Bund die Länder nicht suspendieren. Der Aufenthalt der Ausländer, die kein Recht zum Aufenthalt in Deutschland haben, ist illegal und bleibt illegal, auch wenn die Abschiebung auf Grund einer Anordnung nach § 60a AufenthaltsG ausgesetzt ist. Nach § 60a Abs. 3 AufenthaltsG bleibt darum die Ausreisepflicht des Ausländers, dessen Abschiebung ausgesetzt ist, unberührt.

Mit Zustimmung des Bundesministeriums des Innern kann die oberste Landesbehörde auf Grund der § 60a Abs. 1 S. 2 und § 23 AufenthaltsG sogar Aufenthaltserlaubnisse für unbegrenzte Zeit zu erteilen anordnen. Sie kann diese Aufenthaltserlaubnis von einer Verpflichtungserklärung gemäß § 68 AufenthaltsG zur Übernahme der Kosten für den Lebensunterhalt (etwa durch Kirchen oder Private) abhängig machen. Das ermöglicht ungeordnete Einwanderungen, weil weder die Länder noch der Bund nach diesen Vorschriften Einzelfälle etwa nach dem Bedarf Deutschlands entscheiden, vielmehr nur nach Heimatstaaten oder besonderen Gruppen unterscheiden dürfen.

Auch die wegen Art. 16a Abs. 2 S. 1 GG regelmäßig verfassungswidrigen und zudem langdauernden Asylverfahren sind der Sache nach eine rechtsstaatswidrige Duldung illegalen Aufenthalts von Fremden in Deutschland. Der illegale Aufenthalt wird nach den verbindlichen Ablehnungen der Asylanträge durch die Abschiebeverfahren der Verwaltung und die oft, wenn nicht meist folgenden Gerichtsverfahren über die Abschiebeverfügungen noch erheblich verlängert. Das kostet die Steuerzahler nicht nur Milliarden, sondern vergiftet den Frieden des Landes.

Die Duldung illegalen Aufenthalts wird zwar schon lange und in vielen Fällen praktiziert, ist aber dennoch nach wie vor mit Prinzipien des Rechtsstaates unvereinbar, soweit sie nicht zu einem gesetzlichen Abschiebungsverbot gemacht ist. Eine rechtsstaatliche Regelung der Duldung illegalen Handelns kann kein Rechtsstaat bewerkstelligen. Das ist gegen das Gesetzlichkeitsprinzip nicht möglich.

Deutschland nach seiner Verfassung kein Einwanderungsland

Die fragwürdige Politik dieser gesetzlichen Vorschriften ist von der Maxime getragen, dass Deutschland ein „Einwanderungsland" sei. Deutschland ist faktisch ein Einwanderungsland, aber nicht dem Verfassungsgesetz und den Gesetzen nach. Seit gut zwei Jahrzehnten wird von einigen politischen Akteuren propagiert, Deutschland sei ein Einwanderungsland und brauche Einwanderer als Arbeitskräfte jetzt und vor allem wegen der Schrumpfung und Alterung der Bevölkerung in Zukunft, während zuvor jahrzehntelang das Gegenteil die allgemeine Auffassung war. Fraglos können die Deutschen ihre Aufgaben alleine bewältigen. Die internationalen Unternehmen haben aber Interesse an billigen Arbeitskräften am Industriestandort Deutschland.

Es gibt kein Gesetz, das Deutschland zum Einwanderungsland erklärt, und es gibt erst recht keine dahingehende Verfassungsbestimmung. Im Gegenteil ist nach dem Grundgesetz das „Deutsche Volk" oder das „deutsche Volk" (Präambel, Art. 1 Abs. 2 bzw. Art. 146, auch argumentum aus Art. 20 Abs. 4) zu dem Staat Bundesrepublik Deutschland verfasst. Solange nicht eine neue Verfassung des Deutschen Volkes Deutschland zum Einwanderungsland erklärt, ist der nationale Charakter der Bundesrepublik Deutschland nicht beendet. Weder der verfassungsändernde Gesetzgeber noch gar der einfache Gesetzgeber kann diese Entscheidung treffen, weil Art. 1 und Art. 20 GG nicht zur Disposition der Staatsorgane stehen. Das stellt Art. 79 Abs. 3 GG klar. Das Land, nämlich „Deutschland", das auch, aber nicht nur, eine geographische Bedeutung hat, ist das Land der Deutschen, des deutschen Volkes. Über dessen Bevölkerung haben ausschließlich die Deutschen zu entscheiden. Große Änderungen des Volkes bedürfen der unmittelbar demokratischen Zustimmung des deutschen Volkes, das allein Deutschland zum Einwanderungsland umwandeln kann. Gemäß Art. 146 GG kann somit nur das deutsche Volk, das durch Referendum entscheiden müsste, Deutschland zum Einwanderungsland umwandeln.

Eine Einwanderungspolitik, die sich hinter dem Begriff „humanitäre Gründe" verbirgt, ist mit dem Grundgesetz unvereinbar.

Moralismus überwuchert Recht

Viele, wenn nicht die meisten Fremden bleiben dauerhaft in Deutschland. Vielen Moralisten sind sie eine Bereicherung. Es werden allein in diesem Jahr etwa 1.500.000 Fremde erwartet, von denen die meisten sich als Zuwanderer verstehen, die nicht nur vorübergehenden Schutz vor Gefahren für ihr menschenwürdiges Dasein suchen, wie das den Schutzrechten entspricht. Sie suchen ein gutes Leben. Zunehmend setzt sich der Moralismus, nicht zu verwechseln mit der Moralität als Triebfeder der Sittlichkeit, gegen das Recht durch, selbst, wie dargelegt, gegen das Verfassungsrecht. „Politik ist ausübende Rechtslehre", sagt Kant. Der Rechtsstaat ist demgemäß die Wirklichkeit des Rechts. Es gibt keine Moralität gegen das Recht. Das Prinzip der Sittlichkeit, das Sittengesetz, ist die Pflicht, das Recht zu verwirklichen. Nicht jedes Gesetz ist im positivistischen Sinne schon Recht, aber die Gesetze müssen geachtet werden, solange sie nicht geändert sind. Moralität ist der gute Wille, das Rechtsprinzip zu verwirklichen, in allem Handeln. Wenn sich alle Bürger dessen befleißigen, geht es dem Gemeinwesen gut, sonst nicht. Der Moralismus ist eine Form der Rechtlosigkeit. Seine Maxime ist gegenwärtig der globale Egalitarismus in einer One World. Moralismus ist das Gegenteil von Humanität und führt in den Bürgerkrieg.

Sicherheit und Ordnung sittlicher Primat des Staates

Sicherheit und Ordnung verlangen gebieterisch, daß die illegale Fluchtbewegung nach Deutschland mit allem Mitteln, die dem Rechtsstaat zur Verfügung stehen, unterbunden wird. Notfalls müssen Zäune errichtet werden. Die Lage in den grenznahen Ländern erfüllt den Tatbestand des Art. 35 Abs. 2 S. 1 GG, der es rechtfertigt, daß ein Land „zur Aufrechterhaltung oder Wiederherstellung der öffentlichen Sicherheit und Ordnung Kräfte und Einrichtungen des Bundesgrenzschutzes zur Unterstützung seiner Polizei anfordert". Die Souveränität des Volkes verbietet es, die Verantwortung für die Sicherheit und Ordnung aus der Hand zu geben. Staatsorgane, die Sicherheit und Ordnung vernachlässigen, verlieren ihre Berechtigung, insbesondere verwirken sie das Recht, das (sogenannte) Gewaltmonopol des Staates auszuüben. Sicherheit ist die Rechtlichkeit im Gemeinwesen nach Maßgabe der Gesetze. Ordnung ist darin eingeschlossen. Illegaler Aufenthalt von Fremden kann unter keinen Umständen geduldet werden, schon gar nicht, weil das Schutzrecht international und national humanitären Maximen genügt. Die Bürger müssen sich, wenn es ihr Staat nicht tut, selbst um ihre Sicherheit und um die Ordnung des Gemeinwesens kümmern. „Gegen jeden, der es unternimmt, diese Ordnung zu beseitigen, haben alle Deutschen das Recht zum Widerstand, wenn andere Abhilfe nicht möglich ist", verfaßt Art. 20 Abs. 4 GG als Grundrecht. Widerstand muß dem Verhältnismäßigkeitsprinzip folgen und darum Rechtsschutz bei den Gerichten, zumal dem Bundesverfassungsgericht, suchen. Aber auch Demonstrationen und Arbeitsniederlegungen gehören zu den friedlichen Widerstandsmitteln. Es versteht sich von selbst, daß das höchstrangige Sicherheitsgebot es verbietet, mehr Fremde ins Land zu lassen, als das Land in Sicherheit und Ordnung verkraften kann, selbst wenn diese ein Schutzrecht haben. Das Völkerrecht läßt daran keinen Zweifel. Obdachlosigkeit ist bereits eine Verletzung der Sicherheit.

Die Bundeskanzlerin hat die Einreise der Flüchtlinge, die sich nach Ungarn durchgeschlagen haben, meist Syrer, erlaubt, um in deren „Notlage" „ein freundliches Gesicht" zu machen. „Souverän ist, wer über den Ausnahmezustand entscheidet", lehrt Carl Schmitt, der Staatslehrer der Diktatur (Politische Theologie, 1922, 1934, S. 13). Im Ausnahmezustand schafft der Souverän Ordnung, notfalls gegen das Recht, so Carl Schmitt. Nein, Souverän sind allein die Bürger, deren Souveränität verwirklicht sich ausschließlich in der Rechtlichkeit des gemeinsamen Lebens. Das ist die Sittlichkeit des demokratischen Rechtsstaates, der Republik.

Jost Bauch

Der Fremde

Jetzt ist er da: massenhaft und nicht mehr zu negieren: Der Fremde, egal ob wir ihn Asylant, Migrant, Zuwanderer oder Flüchtling nennen. Er kommt und setzt sich fest, nichts, so scheint es, kann diese Entwicklung mehr aufhalten. Jetzt kommt die Globalisierung, die die Industriegesellschaften in die Welt gesetzt haben, zu sich. Aus der Einbahnstraße, der Globalisierung in einer Richtung, erst als Kolonialismus, dann als Tourismus und globalisierte Ökonomie wird eine Autostraße auch mit Gegenverkehr. Der Globalismus verwirklicht sich erst jetzt, weil wir, so der Philosoph Peter Sloterdijk, eingetreten sind in das Zeitalter der „Gegenerreichbarkeit". Wir müssen jetzt den „Gegenverkehr tolerieren, den wir selber ausgelöst und provoziert haben". Plötzlich sind wir es, die von anderen, eben Fremden, entdeckt werden, diesmal sind wir die „exotischen Indianer".

Die „moderne" multikulturelle, globalisierte Multiminoritätengesellschaft stellt dabei Anforderungen an den Menschen (egal ob Eingeborener oder Zugewanderter), die seine anthropologisch-biologische Ausstattung überfordern. Geschichtlich gesehen lebte der Mensch zu 90% seiner Existenz in archaischen Stammesgesellschaften und da war Xenophobie (Angst vor dem Fremden) eine Überlebensstrategie. Schon der nächste Stamm oder Clan war den Menschen fremd und löste Misstrauen, Angst und Aggression aus, auf alle Fälle war Vorsicht geboten, solange man bestimmte Eigenschaften der fremden Gruppe nicht bewerten und einordnen konnte. Jedenfalls war dieses Grundgefühl prägend, solange der Mensch in gemeinschaftlichen Netzwerken lebte, also die Menschen, mit denen er in Interaktion trat, persönlich kannte oder über Stammeszeichen als zum eigenen oder befreundeten Stamm zugehörig identifizieren konnte. Mit der Entstehung der modernen Gesellschaft wurde dieses archaische Muster Fremdes als potentielle Bedrohung zu identifizieren zumindest in Teilbereichen dysfunktional, weil die Komplexität der Gesellschaft zunahm und es erforderlich wurde, Interaktionen mit Personen aufzunehmen, die man nicht persönlich kannte. Die Interaktion mit Fremden wurde zur Norm. Dies konnte aber nur geschehen, weil der Interaktionspartner in Verhalten, Gestik, Aussehen, Kleidung etc. einen vertrauten Eindruck machte, das Fremde kam gleichsam als Bekanntes daher. Gleichwohl treffen in den meisten Alltagsbegegnungen in der modernen Gesellschaft Fremde aufeinander, die nur zu einem spezifischen Zweck zusammen in Interaktion treten, um zum Beispiel zu kaufen oder zu verkaufen. Der Markt als prägende Institution der modernen städtischen Gesellschaft führt so nach Hans Paul Barth zu einer „unvollständigen Integration". Merkmale der Familien- oder Gruppenzugehörigkeit bleiben ausgeklammert und sind für den Vollzug der Interaktion ohne Relevanz. Man berührt sich nur punktuell und kennt sich dabei nicht. Wie der soziologische Klassiker Ferdinand Tönnies betonte, traten nunmehr Gemeinschaft und Gesellschaft auseinander. Ein Großteil der Interaktionen des Menschen finden nicht mehr in der vertrauten Gemeinschaft statt (wo der Mensch als ganzes, also vollständig integriert ist), sondern in der Gesellschaft. Die Verbindung der Menschen in der Gemeinschaft ist nach Tönnies organisch und ganzheitlich, die Verbindung in der Gesellschaft partikular und mechanisch. Und auf Seite 3 seines berühmten Werkes „Gemeinschaft und Gesellschaft" aus dem Jahre 1887 heißt es: „Man geht in die Gesellschaft wie in die Fremde".

Nun gibt es natürlich unterschiedliche Schattierungen des „Fremd-Seins". Gewohnt ist der Europäer den „ähnlichen Fremden", also den Landsmann, der die gleiche Sprache spricht, der ähnlich aussieht, der die gleichen Umgangsformen hat. Das alles gibt Sicherheit im Umgang miteinander, wenn auch diese Beziehungen immer mit einem Rest-Misstrauen verbunden sind und niemals die Intensität der Beziehung mit Bekannten erreichen. Anders sieht das aus bei einem „fremden Fremden", der sich also signifikant von der gewohnten Erscheinung und dem gewohnten Habitus der Alteingesessenen unterscheidet. Was macht dabei den Fremden zum Fremden? Die Soziologie gibt uns da keine Antworten, einzig der „Exkurs über den Fremden" des letzten Klassikers der Soziologie Georg Simmel in seinem Hauptwerk „Soziologie" aus dem Jahre 1908 gibt uns Auskunft.

Um die soziale Stellung des Fremden zu erfassen, denkt Simmel zunächst in räumlichen Kategorien von Nähe und Distanz. Der Fremde ist ein Wanderer, der kommt und bleibt, „sozusagen der potentiell Wandernde, der, obgleich er nicht weitergezogen ist, die Gelöstheit des Kommens und Gehens nicht ganz überwunden hat". Auch er ist, wenn er sich dann niedergelassen hat, innerhalb eines speziellen Lokalität fixiert, aber seine Position ist derart bestimmt, dass er Qualitäten, die nicht aus der spezifischen Region stammen, in diese hineinträgt. Räumlich gesehen: Das Ferne ist nah. Der Fremde steht so in einer distanzierten und „repellierenden" Beziehung zur lokalen Ursprungs-Gruppe, ist aber gleichzeitig doch Teil dieser Gruppe, er steht für ein „Gegenüber" und „Außerhalb" innerhalb (sic!) der Gruppe. Der „Ur-Fremde" ist für Simmel der Händler. Spätestens als der Mensch die subsistenzwirtschaftliche Lebensweise aufgegeben hat, trat er in Kontakt mit fremden Menschen. Der Händler ist der schlechthin „Bewegliche" zwischen den Räumen und Kulturen. Er kommt „gelegentlich mit jedem einzelnen Element in Berührung, ist aber mit keinem einzelnen durch die verwandtschaftlichen, lokalen, beruflichen Fixiertheiten organisch verbunden". Der fremde Händler hat mit den einheimischen höchstens einen funktional spezifischen Punktkontakt. Die Beziehung zu ihm bleibt abstrakt. Hier sind wir bei Simmel bei der ersten von 3 Charakterisierungen der Sozialbeziehung zwischen Einheimischen und Fremden. Nach Simmel ist die Beziehung abstrahierend, generalisierend und entindividualisierend. Weil die Beziehung zum Fremden abstrakt ist, sie gleichsam nur eine spezifische Leistung des Fremden abruft, erscheint dieser als objektiv, der Fremde markiert eine Außenposition. Da er nicht Teil der ursprünglichen Gemeinschaft ist, so hat er auch keine besonderen Interessen. So wird die Praxis der italienischen Städte im Mittelalter erklärbar, ihre Richter immer von auswärts zu berufen „weil kein Eingeborener von der Befangenheit in Familieninteressen und Parteiungen frei war". Für den Aufbau des preußischen Staates galt das Gleiche: Entscheidend war die Brechung des „Indegenats-Rechts", demzufolge nur Einheimische in der Verwaltung tätig sein durften. Die Preußen Könige besetzten die Verwaltungsstellen lieber mit Fremden, diese waren eher dem königlichen Dienstherr als dem lokalen Landadel verpflichtet. Gerade weil der Fremde außerhalb der lokalen Interessen und Parteiungen steht, war er als objektiver Berater gefragt und geeignet für „Beobachtungen zweiter Ordnung".

Neben der Abstraktion ist die Beziehung zum Fremden generalisierend. Mit ihm hat man nur allgemeine Qualitäten gemein, man fühlt sich auf allgemeine Art mit ihm verbunden (er ist auch Mensch, hat auch Interessen, Bedürfnisse etc.), man hat aber kein Sonderverhältnis. Diese Gleichheiten mit dem Fremden reichen aber über uns hinaus, sie verbinden viele und damit bleiben sie unspezifisch und wenig verhaltensbindend. D.h., und hier kommt Simmel zum Kern seiner Überlegungen, mit dem Fremden hat man nur gewisse allgemeine Qualitäten gemein, „während sich das Verhältnis zu den organisch verbundenen auf der Gleichheit von spezifischen Differenzen gegen das bloß Allgemeine aufbaut". Als Beispiel bringt er die vertrauteste Sozialbeziehung, die es gibt: die Liebe. Die Liebe ist immer eine Sonderbeziehung, die weit über das Allgemeine und die Generalisierung hinausweist. Sobald die Liebe den Charme der Sonderbeziehung verliert, also als etwas völlig normales, immer wieder passierendes wahrgenommen wird, ist die Liebe tot. Und letztlich werden die Fremden entindividualisiert: Sie sind Exemplare eines bestimmten Typus, die Gattung zählt, nicht das Individuum. Sollte das Individuum nicht den Erwartungen entsprechen, also beispielsweise besonders freundlich sein, so ist dies ein atypischer Sonderfall. Beispielhaft nennt Simmel auch die mittelalterliche Judensteuer. Während bei den christlichen Bürgern die Steuer nach dem jeweiligen Stand des Vermögens berechnet wurde, war die Judensteuer fix. „Diese Fixiertheit beruhte darauf, dass der Jude seine soziale Position als Jude hatte, nicht als Träger bestimmter sachlicher Inhalte".

Bei seinem Exkurs über den Fremden ging Simmel selbstverständlich davon aus, dass die „organisch verbundenen" Einheimischen die Mehrheit stellen und die Fremden in der Minderheit sind. Doch was passiert, wenn sich, wie in heutiger Zeit erfahrbar, die Verhältnisse umkehren? Wurde bisher das Fremd-Sein von einer Mehrheitsgesellschaft her definiert, so potenziert sich das Fremd-Sein in einer Multiminoritätengesellschaft. Fremd sind die Fremden nunmehr nicht nur in Bezug auf die Kultur des Aufnahmelandes (die mit dem Verlust der Mehrheit dann langsam auch als Orientierungspunkt für die Definition des Fremden ausfällt), Fremd sind die Fremden dann auch untereinander und es gibt keine Klammer einer Mehrheitskultur, die das unterschiedliche Fremd-Sein auf etwas Gemeinsames ausrichten könnte. Zustände sind absehbar, die Thomas Hobbes als „bellum omnium contra omnes", als Krieg aller gegen alle, beschrieben hat.

Das, was die Befürworter der multikulturellen Gesellschaft als möglich und erstrebenswert erachten, nämlich das friedliche Zusammenleben unterschiedlicher Kulturen, wird von ihnen selbst in Frage gestellt, wenn es um die konkrete Umsetzung geht: Wenn beispielsweise der thüringische Ministerpräsident Ramelow fordert, die Belegung der Unterkünfte der Flüchtlings- und Asylheime müssten nach ethnischen Gesichtspunkten lokal differenziert werden, dann zerfällt das gesamte Wolkenkuckuksheim der multikulturellen Gesellschaft. Schuld daran, dass die Fremden sich gegenseitig feindselig begegnen, ist dann natürlich die einheimische Bevölkerung. Schließlich hat sie die politischen Rahmenbedingungen dafür geschaffen, dass die „Flüchtlinge" ohne Berücksichtigung ihres gegenseitigen Fremd-Seins „kulturunsensibel" zusammengelegt wurden. Diese auf Dauer angelegte Schuldinszenierung ist wichtig, weil sie die Garantie dafür abgibt, dass der Fluss der Zuwanderung nicht trocken gelegt wird. Denkt man das Modell der Multiminoritätengesellschaft zu Ende, so gibt es, weil es nur noch Fremde gibt, im Grunde keine Fremden mehr. Die Differenzierung Einheimische/Fremde wird unterlaufen. Der Einheimische ist fremd und der Fremde ist Einheimisch, allenthalben ist noch die Unterscheidung altfremd/neufremd denkbar. Ob eine solche in Parallelmilieus mit entwurzelter Bevölkerung differenzierte Gesellschaft ohne kulturellen Mittelpunkt überlebensfähig und lebenswert ist, muß bezweifelt werden.

Karl Albrecht Schachtschneider

Souveränität der Deutschen

Abkürzungen

Die folgenden Abkürzungen benutze ich um der Kürze willen im Text in Klammern mit den Seitenzahlen des Werkes. Bei den Entscheidungen des Bundesverfassungsgerichts wie bei anderen Gerichten gibt die erste Zahl den Band an, die zweite Zahl die Anfangsseite, die Zahlen in der weiteren Klammer die Seiten, auf die hingewiesen wird, oder die Randnummer den Absatz der Entscheidung. Die weiteren Klammerhinweise sind aus sich heraus verständlich.

Kant, Immanuel, zitiert aus der Edition von Wilhelm Weischedel, 1968
  KrV: Kritik der reinen Vernunft, 1781/1787
  Idee: Idee zu einer allgemeinen Geschichte in weltbürgerlicher Absicht, 1784
  GzMdS: Grundlegung zur Metaphysik der Sitten, 1785/1786
  KpV: Kritik der praktischen Vernunft, 1788
  ZeF: Zum ewigen Frieden. Ein philosophischer Entwurf, 1795/1796
  MdS: Metaphysik der Sitten, 1797/1798

Rousseau, Jean-Jacques
  Cs: Du Contract Social ou Principes du Droit Politique, 1762, Vom Gesellschaftsvertrag oder Grundsätze des Staatsrechts

Schachtschneider, Karl Albrecht
  Rprp: Res publica res populi. Grundlegung einer Allgemeinen Republiklehre. Ein Beitrag zur Freiheits-, Rechts- und Staatslehre, 1994
  PdR: Prinzipien des Rechtsstaates, 2006
  FridR: Freiheit in der Republik, 2007
  Souveränität: Souveränität. Grundlegung einer freiheitlichen Souveränitätslehre. Ein Beitrag zum deutschen Staats- und Völkerrecht, 2015

Gerichte
  BVerfG: Bundesverfassungsgericht mit Urteilsangabe, gegebenenfalls mit Aktenzeichen
  BVerfGE: Entscheidungen des Bundesverfassungsgerichts
  BVerwGE: Entscheidungen des Bundesverwaltungsgerichts, Amtliche Sammlung
  BGHZ: Entscheidungen des Bundesgerichtshofs in Zivilsachen, Amtliche Sammlung
  BGHSt: Entscheidungen des Bundesgerichtshofs in Strafsachen, Amtliche Sammlung
  OVG: Oberverwaltungsgericht

Alle weiteren Abkürzungen sind meist allgemein bekannt, notfalls bitte ich deren Bedeutung einem allgemeinen oder juristischen Abkürzungsverzeichnis zu entnehmen. Manche sind auch im Text klargestellt.

Die politische Klasse hat sich gegen die Souveränität Deutschlands entschieden und praktiziert diese Entscheidung in der Deutschland- und vor allem in der Europapolitik. Souveränität ist aber nach wie vor ein zentrales Prinzip des Modernen Staates.

Deutschland sei „seit dem 8. Mai 1945 zu keinem Zeitpunkt mehr voll souverän gewesen", frohlockte Wolfgang Schäuble, Bundesminister der Finanzen, vor den versammelten Bankern des Europäischen Bankenkongresses am 18. November 2011. Das war geradezu eine Verbeugung des Staates vor dem neuen Souverän des entgrenzten Kapitalismus. In „Europa" sei die Souveränität ohnehin „längst ad absurdum" geführt.

Im Grundgesetz steht das Wort Souveränität nicht, aber der Begriff ist mit dem Wort Staatsgewalt benannt. In der Charta der Vereinten Nationen, gewissermaßen dem Grundgesetz der gegenwärtigen Völkergemeinschaft, ist in Art. 2 Nr. 1 von der „souveränen Gleichheit" der Mitglieder als Grundsatz der Organisation die Rede. Der Begriff der Souveränität ist keinesfalls ohne rechtliche Relevanz.

I   Bundesverfassungsgericht und Europäischer Gerichtshof

1. Das Bundesverfassungsgericht, dessen Entscheidungen und damit dessen wesentlichen Erkenntnisse in den Entscheidungsgründen nach § 31 Abs. 1 BVerfGG alle Verfassungsorgane des Bundes und der Länder sowie alle Gericht und Behörden und damit auch den Bundesminister der Finanzen binden, sieht das richtig. In ständiger Rechtsprechung legt es die Souveränität oder Volkssouveränität Deutschlands seinen Entscheidungen zugrunde (etwa BVerfGE 89, 155 (186 f., 188 ff. – Maastricht-Urteil); 111, 307 (Rn. 33, 35 f. – EMRK- Urteil); 123, 267, Rn. 223 ff., 231, 247 f., 262 f., 275, 281, 329, 338 ff., 347 – Lissabon-Urteil) und leitet daraus erhebliche Grenzen der Politik, zumal der europäischen Integrationspolitik, her. Das Gericht verbindet, zu Recht, die Souveränität mit dem demokratischen Prinzip und dem Selbstbestimmungsrecht des Volkes. Es handelt auch von Volkssouveränität (BVerfGE 123, 267, Rn. 248, 281 u.ö.). Es identifiziert die Souveränität mit der Staatsgewalt des Volkes (BVerfGE 123, 267, Rn. 208, 298) und spricht auch von „souveräner Staatsgewalt" (BVerfGE 123, 267, Rn. 299). Eine Dogmatik der Souveränität hat das Bundesverfassungsgericht jedoch nicht entwickelt.

2. In der Rechtssache 6/64 (Costa/ E.N.E.L.), Urteil vom 15. Juli 1964 (Slg. 1964/1251) hat der Europäische Gerichtshof S. 1269 ff. ausgesprochen:

„Zum Unterschied von gewöhnlichen internationalen Verträgen hat der EWG-Vertrag eine eigene Rechtsordnung geschaffen, die bei seinem Inkrafttreten in die Rechtsordnungen der Mitgliedstaaten aufgenommen worden und von ihren Gerichten anzuwenden ist. Denn durch die Gründung einer Gemeinschaft für unbegrenzte Zeit, die mit eigenen Organen, mit der Rechts- und Geschäftsfähigkeit, mit internationaler Handlungsfähigkeit und insbesondere mit echten, aus der Beschränkung der Zuständigkeit der Mitgliedstaaten oder der Übertragung von Hoheitsrechten der Mitgliedstaaten auf die Gemeinschaft herrührenden Hoheitsrechten ausgestattet ist, haben die Mitgliedstaaten, wenn auch auf einem begrenzten Gebiet, ihre Souveränitätsrechte beschränkt und so einen Rechtskörper geschaffen, der für ihre Angehörigen und sie selbst verbindlich ist.

Diese Aufnahme der Bestimmungen des Gemeinschaftsrechts in das Recht der einzelnen Mitgliedstaaten und, allgemeiner, Wortlaut und Geist des Vertrages haben zur Folge, daß es den Staaten unmöglich ist, gegen eine von ihnen auf der Grundlage der Gegenseitigkeit angenommene Rechtsordnung, nachträgliche einseitige Maßnahmen ins Feld zu führen. Solche Maßnahmen stehen der Anwendbarkeit der Gemeinschaftsrechtsordnung daher nicht entgegen. Denn es würde eine Gefahr für die Verwirklichung der in Artikel 5 Absatz 2 aufgeführten Ziele des Vertrages bedeuten und dem Verbot des Artikels 7 widersprechende Diskriminierungen zur Folge haben, wenn das Gemeinschaftsrecht je nach der nachträglichen innerstaatlichen Gesetzgebung von einem Staat zum andern verschiedene Geltung haben könnte. Die Verpflichtungen, die die Mitgliedstaaten im Vertrag zur Gründung der Gemeinschaft eingegangen sind, wären keine unbedingten mehr, sondern nur noch eventuelle, wenn sie durch spätere Gesetzgebungsakte der Signatarstaaten in Frage gestellt werden könnten. ... Der Vorrang des Gemeinschaftsrechts wird auch durch Artikel 189 bestätigt; ihm zufolge ist die Verordnung ‚verbindlich‘ und ‚gilt unmittelbar in jedem Mitgliedstaat‘. Diese Bestimmung, die durch nichts eingeschränkt wird, wäre ohne Bedeutung, wenn die Mitgliedstaaten sie durch Gesetzgebungsakte, die den gemeinschaftsrechtlichen Normen vorgingen, einseitig ihrer Wirksamkeit berauben könnten. Aus alledem folgt, daß dem vom Vertrag geschaffenen, somit aus einer autonomen Rechtsquelle fließenden Recht wegen dieser seiner Eigenständigkeit keine wie immer gearteten innerstaatlichen Rechtsvorschriften vorgehen können, wenn ihm nicht sein Charakter als Gemeinschaftsrecht aberkannt und wenn nicht die Rechtsgrundlage der Gemeinschaft selbst in Frage gestellt werden soll.

Die Staaten haben somit dadurch, daß sie nach Maßgabe der Bestimmungen des Vertrages Rechte und Pflichten, die bis dahin ihren inneren Rechtsordnungen unterworfen waren, der Regelung durch die Gemeinschaftsrechtsordnung vorbehalten haben, eine endgültige Beschränkung ihrer Hoheitsrechte bewirkt, die durch spätere einseitige, mit dem Gemeinschaftsbegriff unvereinbare Maßnahmen nicht rückgängig gemacht werden kann. Infolgedessen ist Artikel 177 ohne Rücksicht auf innerstaatliche Gesetze anzuwenden, wenn sich die Auslegung des Vertrages betreffende Fragen stellen".

Diese Befugniserweiterung des Gerichtshofs, der eigentliche, jedenfalls funktionale Wechsel der Europäischen Gemeinschaft von einem völkerrechtlichen Staatenbund zum staatsrechtlichen Bundesstaat, haben die Mitgliedstaaten bei der weiteren Vertragsentwicklung zugrunde gelegt und folglich stillschweigend als gemeinschaftlichen Besitzstand in die Verträge aufgenommen, also akzeptiert. Das Bundesverfassungsgericht hat sie allerdings im Maastricht-Urteil vom 12. Oktober 1993 (BVerfGE 89, 155 ff.) kräftig relativiert. Es war eine souveränitätswidrige Usurpation von Staatsgewalt. Die Souveränitätsverletzung ist geblieben, weil die Mitgliedstaaten nicht befugt waren und sind, die Völker und deren Staatsorgane durch völkerrechtliche Verträge derart zu entmachten, ohne eine Änderung des Verfassungsgesetzes mit deren unmittelbaren Zustimmung herbeigeführt zu haben.

Der Vorrang des Gemeinschaftsrechts[1], der richtiger Weise auch auf dem nationalen Gesetz beruht, welches das Gemeinschaftsrecht anzuwenden vorschreibt, hat jedenfalls Grenzen (PdR, S. 82 ff.), die sich aus der existentiellen Staatlichkeit oder eben der Souveränität der Völker ergeben. Das Maastricht-Urteil des Bundesverfassungsgerichts ergibt fünf Begrenzungen der Geltung von Gemeinschaftsrecht in Deutschland: Rechtsakte der Gemeinschaft können erstens den Wesensgehalt der Grundrechte ver-

---

1 Der weitgehende Vorrang des Gemeinschaftsrechts vor dem mitgliedstaatlichen Recht ist so gut wie unangefochten; vgl. EuGH – Rs. 26/62 (Van Gend & Loos), Slg. 1963, 1 ff.; EuGH – Rs. 6/64 (Costa/ENEL), Slg. 1964, 1251 ff.; EuGH – Rs. 11/70 (Internationale Handelsgesellschaft), Slg. 1970, 1125 ff.; BVerfGE 37, 271 (279 ff.); 58, 1 (28); 73, 339 (366 ff.); vgl. auch BVerfGE 89, 155 (182 ff., 190 f., 197 ff.); K. A. Schachtschneider, Die existentielle Staatlichkeit der Völker Europas und die staatliche Integration der Europäischen Union. Ein Beitrag zur Lehre vom Staat nach dem Urteil des Bundesverfassungsgerichts zum Vertrag über die Europäische Union von Maastricht, in: W. Blomeyer / K. A. Schachtschneider (Hrsg.), Die Europäische Union als Rechtsgemeinschaft, 1995, S. 75 ff., 104 ff.; ders., Souveränität. Grundlegung einer freiheitlichen Souveränitätslehre, 2015, S. 34 ff.; ders./A. Emmerich-Fritsche, Das Verhältnis des Europäischen Gemeinschaftsrechts zum nationalen Recht Deutschlands, DSWR 1999, S. 81 ff., 116 ff., jeweils auch zum Folgenden;

letzen und damit den „unabdingbaren Grundrechtsstandard" mißachten, den das Bundesverfassungsgericht in einem „Kooperationsverhältnis" mit dem Europäischen Gerichtshof im Grundrechtsschutz zu verantworten meint (BVerfGE 89, 155 (174 f.); BVerfGE 102, 147 (163)). Der Europäische Gerichtshof soll „den Grundrechtsschutz in jedem Einzelfall für das gesamte Gebiet der Europäischen Gemeinschaften garantieren", so daß das Bundesverfassungsgericht „sich deshalb auf eine generelle Gewährleistung des unabdingbaren Grundrechtsstandards (...) beschränken" könne (BVerfGE 89, 155 (174 f.); so schon BVerfGE 73, 339 (387)). Zweitens sollen die Rechtsakte die Strukturprinzipien der deutschen Verfassung nicht beeinträchtigen dürfen (BVerfGE 37, 271 (279); 73, 339 (376)), zumal jetzt Art. 23 Abs. 1 S. 1 und 2 GG die Übertragung von Hoheitsrechten nur für die Entwicklung einer Europäischen Union erlaubt, „die demokratischen, rechtsstaatlichen, sozialen und föderativen Grundsätzen" und im übrigen „dem Grundsatz der Subsidiarität verpflichtet ist und einen diesem Grundgesetz im wesentlichen vergleichbaren Grundrechtsschutz gewährleistet" (vgl. BVerfGE 89, 155 (187 f.), nicht explizit). Das Gericht hat im Beschluß vom 14. Oktober 2004 (2 BvR 1481/04, Rdn. 36) vom „weit zurückgenommenen Souveränitätsvorbehalt" nach Art. 23 Abs. 1 GG gesprochen. Es gibt vielfältige Möglichkeiten, die genannten Strukturprinzipien, etwa das weitgefächerte Rechtsstaatsprinzip, zu verletzen. Drittens dürfen die Rechtsakte nicht das Prinzip der begrenzten und bestimmbaren Ermächtigung der Union und der Gemeinschaften mißachten, also ultra vires ergehen, so daß „die deutschen Staatsorgane aus verfassungsrechtlichen Gründen gehindert wären, diese Rechtsakte in Deutschland anzuwenden" (BVerfGE 89, 155 (187 ff., 191 ff.; 123, 267, Rn. 241, 339 f., 343)). Die Union und ihre Gemeinschaften würden die ihnen eingeräumten Hoheitsrechte überschreiten, also ihre Befugnisse verletzen, wenn sie viertens das Subsidiaritätsprinzip nach Art. 2 Abs. 2 EUV und Art. 5 Abs. 2 EGV (jetzt Art. 5 abs. 1 EUV) mißachten. Das Subsidiaritätsprinzip hat das Bundesverfassungsgericht für die Union und für die Europäische Gemeinschaft als „verbindlichen Rechtsgrundsatz" erkannt und ihm als Kompetenzausübungsschranke Verbindlichkeit beigemessen (BVerfGE 89, 155 (189, 193, 210 ff.)). Fünftens schließlich hat das Bundesverfassungsgericht das gemeinschaftsrechtliche Mehrheitsprinzip „gemäß dem aus der Gemeinschaftstreue folgenden Gebot wechselseitiger Rücksichtnahme" in die Grenzen der Verfassungsprinzipien und der „elementaren Interessen der Mitgliedstaaten" gewiesen (BVerfGE 89, 155 (184)). Auch dieses Rechtsprinzip, das den dahingehenden Luxemburger Kompromiß von 1966 verallgemeinert und verbindlich macht, ist von den Gerichten zu beachten. Die „elementaren Interessen" Deutschlands haben die zuständigen deutschen Organe zu definieren, vor allem also die Legislative. Wenn diese jedoch versagt oder irrt, haben die Gerichte dieses Prinzip wie alle anderen Rechtsprinzipien zu verantworten, weil Deutschland seine elementaren Interessen nicht der mehrheitlichen Disposition der Union oder deren Gemeinschaften überantworten durfte und darum rechtens derart zu handhabende Hoheitsrechte nicht übertragen hat.

Der Europäische Gerichthof hat vielfach souveränitätsverletzende Befugnisanmaßungen judiziert. Besonders folgenreich ist die einer ausschließlichen Befugnis zur Handelspolitik durch die AETR- Judikate[2] aber auch und vor allem die oben zitierte Judikatur, mit der das Gericht aus den völkerrechtlichen Verpflichtungen der Grundfreiheiten subjektive Rechte jedes Unternehmens und jedes Einzelnen hergeleitet hat, deren Interesse an den Gleichheiten des Binnenmarktes dem Gericht eine außerordentliche Macht geben, Politik von Mitgliedstaaten zu unterbinden, weil sie dem mit dem Wort Binnenmarkt plakatierten Gemeinschaftsinteresse der Europäischen Union nicht genügen.

Der Europäische Gerichtshof attestiert der Europäischen Union wie schon den Europäischen Gemeinschaften Supranationalität, also eine übernationale Staatlichkeit, welche sie durch die Übertragung der Hoheitsrechte von den Mitgliedstaaten erlangt haben soll. Damit reklamiert er, sie sei ein Überstaat oder Oberstaat; denn wer „Hoheitsgewalt" hat, ist ein Staat. Den Begriff „supranational" hatte der inzwischen außer Kraft getretene Vertrag über die Europäische Gemeinschaft für Kohle und Stahl von 1951 in Art. 9 Abs. 5 und 6 benutzt. Diese Bestimmung ist bereits durch den Fusionsvertrag von 1965 aufgehoben worden und die weiteren Gründungsverträge der Europäischen Gemeinschaften haben auf diesen integrationspolitisch strapazierten, aber vor allem souveränitätspolitisch fragwürdigen Begriff verzichtet. Er war auf die Kritik von Charles de Gaulle und Margret Thatcher gestoßen. Die Supranationalität der Europäischen Union ist allgemeine

---

2   Dazu näher K. A. Schachtschneider, Verfassungsrecht der Europäischen Union, Teil 2, Wirtschaftsverfassung mit Welthandelsordnung, 2010, S. 445 ff.

Auffassung der Europäisten[3]. Auch das Bundesverfassungsgericht hat das Wort übernommen und benutzt es ständig (BVerfGE 89, 155 (172, 175, 181, 182, 187; Beschluß vom 14. Oktober 2004, BvR 1481/04, Rn. 36; BVerfGE 123, 267, Rn. 10, 59, 227, 237, 244, 246, 247, 255, 256, 262, 267, 271, 279, 293, 298, 319, 335, 342, 345, 364, 390), ohne freilich die Union als eigenständiges und eigenbeständiges supranationales Herrschaftssystem zu dogmatisieren. Es dogmatisiert vielmehr das Unionsrecht typisch völkerrechtlich, indem es dessen Geltung und Anwendung vom dem nationalen Rechtsanwendungsbefehl im Zustimmungsgesetz abhängig macht (BVerfGE 45, 142 (169); 52, 187 (199); 73, 339 (367 f., 375); 89, 155 (190); 123, 267, Rn. 242, 333, 335, 339, 343; PdR, 75 ff.), also von dem Willen der jeweiligen Völker, jedenfalls der Deutschen. Das Unionsrecht ist Völkerrecht. Die Völker sind die „Herren der Verträge" (BVerfGE 89, 155 (190, 199); auch BVerfGE 75, 223 (242); 123, 267, Rn. 231, 235, 271, 298, 334) und auch Herren der Anwendung des Unionsrechts.

Die Europäische Union ist (bisher) kein Staat im existentiellen Sinne verfaßter Bürgerlichkeit, der um des Rechts willen die Gebietshoheit und vor allem die Verfassungshoheit oder auch nur die sogenannten drei Staatsgewalten innehätte[4]. Wegen dieses von der „Souveränität" her definierten Staatsbegriffs (BVerfGE 89, 155 (188 ff.)) hält das Bundesverfassungsgericht daran fest, der Europäischen Union den Staatscharakter abzusprechen (BVerfGE 89, 155 (188); so ständig seit BVerfGE 22, 293 (296)), insoweit zu Recht. Demzufolge begreift das Gericht die Europäische Union als „Union der Völker Europas", als „Verbund demokratischer Staaten", kurz und vor allem als „Staatenverbund" (BVerfGE 89, 155 (184, 186, 188 ff.); 123, 267 LS. 1, Rn. 229, 233, 294). Wenn und soweit der Staatsbegriff wegen des Prinzips der Gesetzlichkeit mit der Befugnis und der Möglichkeit verbunden ist, die Gesetzlichkeit zu erzwingen, ist die Europäische Union und waren die Europäischen Gemeinschaften als solche kein Staat; denn jedenfalls die genannte Befugnis, aber auch die Möglichkeit ist den Mitgliedstaaten (noch) verblieben.

Insofern und insoweit staatliche Gewalt als Befugnis und Möglichkeit zu zwingen begriffen wird (FridR, S. 100 ff.; PdR. S. 118 ff.), begründen

---

3   Etwa Th. Oppermann, Europarecht, 2. Aufl. 1999, Rdn. 891.
4   K. A. Schachtschneider, Deutschland nach dem Konventsentwurf einer „Verfassung für Europa", in: W. Hankel / K. A. Schachtschneider / J. Starbatty (Hrsg.), Der Ökonom als Politiker – Europa, Geld und die soziale Frage, FS Wilhelm Nölling, 2003, S. 279 ff., 297 ff.

die Gemeinschaftsverträge weder eine „von der Staatsgewalt der Mitglied-staaten deutlich geschiedene, supranationale, öffentliche Gewalt" (BVer-fGE 22, 293 (295 f.)), noch eine „einheitliche und originäre, europäische öffentliche Gewalt"[5], noch eine „außerstaatliche Hoheitsgewalt"[6] oder eine „Gemeinschaftsgewalt" (BVerfGE 89, 155 (187))[7], aber auch keine „Ho-heitsgewalt" oder „von der Staatsgewalt der Mitgliedstaaten geschiedene öffentliche Gewalt" (BVerfGE 89, 155 (175)). Es ist somit auch kein „neuer Hoheitsträger entstanden, der über eigene Hoheitsrechte verfügt", gar über eine „autonome supranationale Hoheitsgewalt"[8]. Die Verträge verschaffen der Union und verschafften den Gemeinschaften überhaupt keine eigen-ständige Gewalt, sondern integrieren/ten deren Organe in die Staatlichkeit der Mitgliedstaaten. Sie organisieren die gemeinschaftliche Ausübung der Staatsgewalt in der Weise, daß die Zwangsbefugnisse den Völkern als den existentiellen Staaten, die allein Hoheit haben, verbleiben. Die Unionsorga-ne sind und die Gemeinschaftsorgane waren staatlich und im institutionel-len Sinne Staatsorgane, nämlich gemeinschaftliche Organe der Mitglied-staaten, Teil von deren staatlicher Organisation. Der Gewaltbegriff in den zitierten Formulierungen kann somit nur die hoheitlichen Funktionen mei-nen, welche die Union und ihre Gemeinschaften aufgrund der übertragenen Hoheitsrechte wahrnehmen, Funktionen ohne Zwangsrechte. Gemeint ist der funktionale Gewaltbegriff, der auch die Legislative und die Judikative als staatliche Gewalt versteht. Staatsgewalt hat nur ein Volk. Eine Gebiets-hoheit, welche Zwangsbefugnisse einschließt, hat die Union nach wie vor nicht (vgl. Art. 88 Abs. 3 S. 2 AEUV für Europol). Sie wäre notwendiges, wenn auch nicht hinreichendes Kriterium eines Staates im existentiellen Sinne. Ohne Gebietshoheit im engeren Sinne der Zwangsbefugnis ist die Rechtlichkeit des Gemeinwesens nicht sichergestellt, so daß das Gemein-

---

5 So P. Badura, Bewahrung und Veränderung demokratischer und rechtsstaatlicher Verfassungs-strukturen in den internationalen Gemeinschaften, VVDStRL 23 (1966), S. 54 ff., 57, 59; i.d.S. auch H. P. Ipsen, Europäisches Gemeinschaftsrecht, 1972, § 9, 61, S. 232; gegen die Originarität der Rechtsetzungsgewalt P. Kirchhof, Der deutsche Staat im Prozeß der europäischen Integrati-on, HStR (Handbuch des Staatsrechts der Bundesrepublik Deutschland, Hrsg. Josef Isensee/Paul Kirchhof), Bd. VII, 1992, § 183, Rdn. 38.

6 So Ch. Tomuschat, Kommentar zum Bonner Grundgesetz (Bonner Kommentar), GG, Zweitbear-beitung 1981, Rdn. 8 zu Art. 24.

7 So Th. Oppermann, Europarecht, S. 196, 295, 298; 2. Aufl. 1999, Rdn. 615 ff., S. 228 ff. („autonome Gemeinschaftsgewalt"), Rdn. 893, S. 337.

8 D. König, Die Übertragung von Hoheitsrechten im Rahmen des europäischen Integrationsprozes-ses – Anwendungsbereich und Schranke des Art. 23 des Grundgesetzes, 2000, S. 61, 566.

wesen kein Rechtsstaat und damit kein Staat wäre (Rprp, S. 545 ff.). Auch Zwangsbefugnisse können gemeinschaftlich ausgeübt werden, wie die militärische Zusammenarbeit, insbesondere die der NATO, zeigt, aber das Verteidigungsbündnis schafft keinen Staat im existentiellen Sinne, dessen Dogmatik vielmehr die normale Lage erfassen muß.

Die gemeinschaftliche Staatlichkeit ist die Staatsgewalt der Mitgliedstaaten, die gemeinschaftlich ausgeübt wird. Das Bundesverfassungsgericht spricht davon, daß die Mitgliedstaaten „die Europäische Union gegründet" hätten, „um einen Teil ihrer Aufgaben gemeinsam wahrzunehmen und insoweit ihre Souveränität gemeinsam auszuüben" (BVerfGE 89, 155 (188 f.)). Der Union wird nicht etwa Staatsgewalt oder gar Souveränität übertragen[9], sondern die gemeinschaftliche Ausübung der Hoheitsrechte überantwortet. Trotz des Wortlauts des Art. 23 Abs. 1 S. 2 GG, der es dem Bund erlaubt, „Hoheitsrechte zu übertragen", kann das nur eine Ausübungsbefugnis bewirken, weil die Staatsgewalt als Souveränität die Freiheit der Bürger ist, die schlechterdings nicht veräußert werden kann, schon gar nicht vom Staat. Im übrigen kann ein Mitgliedstaat auch die Union verlassen und damit seine Hoheitsrechte zurücknehmen. Das wäre nicht möglich, wenn er diese auf einen anderen Träger öffentlicher Gewalt gewissermaßen dinglich übertragen hätte. Die Rechtsakte der gemeinschaftlichen Organe sind darum Rechtsakte jedes Mitgliedstaates. Die vornehmlich in den Unionsverträgen formulierte (materiale und funktionale) „Verfassung" der Union ist Teil der Verfassungsordnung jedes einzelnen Mitgliedstaates. Das Unionsrecht, sowohl das primäre als auch das sekundäre, ist Teil der innerstaatlichen Rechtsordnung, jedenfalls nach deutschem Verfassungsrecht, nicht etwa eine eigenständige andere Rechtsordnung[10].

---

9 So aber etwa U. Di Fabio, Das Recht offener Staaten. Grundlinien einer Staats- und Rechtstheorie, 1998, S. 94, wie fast alle, die nicht wissen, was Souveränität ist. Unklar BVerfGE 37, 271 (277 ff.); 73, 339 (374 ff.); klar zur Souveränitätsübertragung BVerfGE 75, 223 (242 ff.), Gemeinschaft „kein souveräner Staat im Sinne des Völkerrechts", auf sie kann „weder die territoriale Souveränität noch die Gebiets- und Personalhoheit der Mitgliedstaaten übertragen worden".

10 A. A. noch BVerfGE 22, 293 (296); 31, 145 (173 f.); 37, 339 (367); 58, 1 (27); nicht eindeutig BVerfGE 89, 155 (175), („... Akte einer besonderen, von der Staatsgewalt der Mitgliedstaaten geschiedenen öffentlichen Gewalt einer supranationalen Organisation ..."); H. P. Ipsen, Bundesrepublik Deutschland in den Europäischen Gemeinschaften, HStR, Bd. VII, § 181, Rdn. 58, spricht von „unterschiedlichen Rechtsmassen der nationalen Rechtsordnungen und der Gemeinschaftsordnung verschiedenen Geltungsgrundes".

Das Gemeinschaftsrecht hatte nicht etwa eine „autonome Rechtsquelle"[11], sondern war deutsches Recht, weil dessen Verbindlichkeit auf dem Willen des deutschen Volkes beruhte, wie jetzt auch das Unionsrecht. Das Volk will dieses Richtige als Recht. Die Aufgabe und Befugnis zur Erkenntnis des Richtigen auf der Grundlage der Wahrheit, das als Gesetz beschlossen wird, ist in bestimmten Grenzen den gemeinschaftlichen Organen der Völker übertragen, weil das Richtige für die Gemeinschaft nur gemeinschaftlich erkannt werden kann. Der Rechtsetzungswille bleibt aber der der zu Staaten im existentiellen Sinne verfaßten Völker, von denen allein alle Staatsgewalt ausgeht (Art. 20 Abs. 2 S. 1 GG). Die Union hat kein Volk (BVerfGE 123, 267, Rn. 346 ff.) und damit auch keine originäre Staatsgewalt, weil eine solche nur von einem Volk ausgehen kann (BVerfGE 123, 267, Rn. 232 f., 281, „kein eigenständiges Legitimationssubjekt"), nämlich von den Bürgern in deren Freiheit. Nur ein Volk kann existentieller Staat sein[12].

Es versteht sich, daß die gemeinschaftliche Ausübung der Staatsgewalt der Völker durch Unionsorgane, zumal die gemeinschaftliche Rechtsetzung, auf die Materie der Rechtsakte Einfluß hat. Jeder Mitgliedstaat würde möglicherweise andere Gesetze geben, andere Verwaltungsmaßnahmen treffen, andere Richtersprüche fällen als die Unionsorgane. Die gemeinschaftliche Wahrnehmung der, wenn man so will, Interessen und damit der unionsweite Interessenausgleich, der mit jeder Rechtsetzung verbunden ist (Rprp, S. 617 ff.; FridR, S. 304, 312, 557 ff., 581), ist der Sinn der Zusammenarbeit. Die Annahme aber, der Interessenausgleich ließe sich nicht anders verwirklichen denn durch eine eigenständige, supranationale Hoheitsgewalt, ist abwegig. Jeder Vertrag ist Interessenausgleich, jede Absprache übereinstimmender Rechtsetzung. Die Hoheit bleibt allein den Völkern, die sie auch nur allein, also durch ihre Organe, ausüben können. Art. 20 Abs. 2 S. 2 GG stellt das klar. In und für Deutschland jedenfalls gibt es keine andere Staatsgewalt als die deutsche. Dem muß sich die Dogmatik der Unionshandlungen fügen. Deutsche Staatsgewalt aber muß sich den Grenzen, welche das Grundgesetz zieht und um der Verfassung der Menschheit des Menschen willen ziehen muß, fügen. Demgemäß sind die Unionsorgane

---

11 So aber BVerfGE 22, 293 (296); 31, 145 (173 f.); 37, 271 (277 f.); EuGH – Rs. 6/64 (Costa/ENEL), Slg. 1964, S. 1251 (1269 ff.); das Maastricht-Urteil (BVerfGE 89, 155 ff.) enthält den Begriff der „autonomen Rechtsquelle" nicht mehr.
12 K. A. Schachtschneider, Deutschland nach dem Konvententwurf einer „Verfassung für Europa", FS W. Nölling, S. 279 ff., 297 ff., 308 ff., 313 ff.

deutsche Organe, aber auch französische usw. Sie üben eben die Staatsgewalt der verbundenen Völker gemeinschaftlich aus.

Rechtens kann es in Deutschland keine originäre europäische öffentliche Gewalt geben, aber auch keine europäischen Rechtsakte, die ihre Legalität nicht aus dem Verfassungsgesetz Deutschlands herleiten, sondern über dem Recht Deutschlands stehen. Logisch ist die Gemeinschaftsverfassung der Verträge in die Verfassung der Völker, in Deutschland also in das Grundgesetz, integriert. Eine von der Verfassung der Völker unabhängige, also insofern eigenständige europäische Staatsgewalt, ein Staat Europa im existentiellen Sinne also, setzt eine europäische Verfassung voraus, welche nicht nur eine europäische Gesetzgebungs-, Verwaltungs- und Rechtsprechungshoheit sowie eine europäische Gebietshoheit, sondern auch eine europäische Verfassungshoheit schafft und damit die deutschen Hoheiten, insbesondere die deutsche Verfassungshoheit, aufheben oder doch bundesstaatlich einschränken würde. Diese Entwicklung wird vorangetrieben. Ein Verfassungsgesetz der Europäischen Union würde das Grundgesetz als höchstes Gesetz Deutschlands und als das Verfassungsgesetz, das Deutschland zum Staat (im existentiellen Sinne) verfaßt, ablösen oder zumindest einschränken. Deutschland wäre entweder kein Staat (im existentiellen Sinne) mehr oder würde seine existentielle Staatseigenschaft und damit seine Souveränität mit der Europäischen Union teilen[13].

Die Europäische Union ist nach wie vor trotz der neuen Verfassungsgrundlage in Art. 23 GG eine zwischenstaatliche Organisation, wie diese Art. 24 GG ermöglicht hatte und weiterhin ermöglicht, also ein internationales Gebilde. Sie verbindet Nationen. Diese Verbindung ist sehr intensiv und hat seit langem funktional die Intensität eines Bundesstaates. Aber die Union ist kein existentieller Staat, vor allem weil sie nicht die Organisation eines Unionsvolkes ist, das sie legitimieren oder besser legalisieren könnte. Sie ist darum nicht souverän und hat auch an der Souveränität der Völker nicht teil. Sie ist in die Organisation der Mitgliedstaaten integriert und ist damit in die Ausübung der Souveränität der Völker der Mitgliedstaaten einbezogen, nicht anders als andere Staatsorgane der Völker, freilich in Gemeinschaft mit den anderen Unionsvölkern. Mittels der Union üben die völkervertraglich verbunden Völker gemeinschaftlich einen Teil ihrer Staatsgewalt aus. Die nationalen Bürgerschaften verwirklichen auf diese Weise im gemein-

---

13 Dazu K. A. Schachtschneider, daselbst, S. 279 ff.

schaftlichen Interesse ihre Freiheit als ihre Souveränität. Diese Dogmatik wird nicht davon berührt, daß die Befugnisse der Union sowie deren Handhabung weitgehend und tiefgehend die Souveränität der Bürger verletzt. Das hat die politische Klasse der Europäischen Union zu verantworten, der die europäische Integration zu einem zentralistischen Großstaat mit einheitlichen Lebensverhältnissen wichtiger ist als die Freiheit ihrer Bürger. Die gebietet Rechtlichkeit und damit Achtung der Souveränität.

II   Begriffsgeschichte, in aller Kürze[14]

Der immer schon schillernde Souveränitätsbegriff war seit Jahrhunderten mehr ein verfassungspolitischer Kampfbegriff als ein subsumtionsfähiger Verfassungsbegriff, stets mit den politischen Verhältnissen im Wandel, mal die höchste Gewalt, besser Gewaltbefugnis, des Fürsten, mal die Gottes, mal die des Volkes, meist beschränkt durch das Naturrecht, Völkerrecht, Verfassungsrecht oder auch durch Verträge.

Die Fürstensouveränität, deren wichtigste Lehrer Jean Bodin (Les six livres de la république, 1576; De republica libri sex 1586) und Thomas Hobbes (Leviathan, 1651) waren, wurde in Deutschland vor allem von Georg Friedrich Wilhelm Hegel (Grundlinien der Philosophie des Rechts oder Naturrecht und Staatswissenschaft im Grundrisse, Bd. 2, Rechtsphilosophie, 1821) zur Souveränität des Staates, personifiziert im Monarchen, entwickelt und später von Carl Schmitt (Die Diktatur, 1923/27) zur souveränen Diktatur in Repräsentation des Volkes als politischer Einheit pervertiert. Sein Führerprinzip faßte Schmitt in den Satz: „Souverän ist, wer über den Ausnahmezustand entscheidet" (Politische Theologie, Vier Kapitel zur Lehre von der Souveränität", 1922/1933, S. 11), ein Satz, der die Merkelsche Kanzlerschaft der Alternativlosigkeit kennzeichnet. Wie Carl Schmitt hat Hermann Heller (Die Souveränität, 1927) die Souveränität des Staates als Entscheidungs- und Wirkungseinheit wesentlich als Macht, die notfalls über dem Recht steht, konzipiert. Alle Lehren der Staatssouveränität, ein Hybride von Fürsten- und Volkssouveränität, stellen im Interesse der Ordnung den Staat als eigenes Sein über das Recht. Die Volkssouveränität

---

14 Dazu genauer meine Schrift Souveränität, S. 50 ff., zu den gegenwärtigen, verworrenen Souveränitätslehren S. 123 ff.

wird heute in Deutschland meist als bloße Legitimation der Staatsgewalt durch das Volk als politischer Einheit dogmatisiert, die von den Organen des Staates quasi als Organsouveränität ausgeübt wird. Martin Kriele (Einführung in die Staatslehre. Die geschichtlichen Legitimationsgrundlagen des demokratischen Verfassungsstaates", 1975/2003) beschränkt die Souveränität des Volkes auf den pouvoir constituant. Hugo Krabbe (Die Lehre von der Rechtssouveränität. Beitrag zur Staatslehre, 1906) hat die Souveränität des Rechts gelehrt, Hans Kelsen (Allgemeine Staatslehre, 1925; Das Problem der Souveränität und die Theorie des Völkerrechts. Beitrag zu einer reinen Rechtslehre", 1920/1928) wollte mit seiner Reinen Rechtslehre und der Identifikation von Staat, Souveränität und Rechtsordnung das Souveränitätsprinzip überwinden. Die Grundlagen der immer noch herrschenden Lehre von der Staatssouveränität, der die Revolution 1918 die konstitutionalistische Voraussetzung entzogen hat, hat Georg Jellinek (Allgemeine Staatslehre, 1900/1914), der seine Herrschaftslehre rechtlich umhegt, gelegt. Walter Leisner (Das Volk. Realer oder fiktiver Souverän? 2005) erkennt in der Souveränität des Volkes eine politisch bedeutsame Fiktion. Im Interesse postnationaler Ordnung wird das Souveränitätsprinzip weiter destruiert oder relativiert, etwa von Juliane Kokott (Souveräne Gleichheit und Demokratie im Völkerrecht, ZaöVR 64 (2004), S. 517 ff.). Eine auf die Freiheitslehre Jean-Jacques Rousseaus (Contract social, 1762) und Immanuel Kants (Metaphysik der Sitten, 1797/98; Zum ewigen Frieden, 1795/96) gegründete freiheitliche Souveränitätslehre ist eine Lehre der Bürgersouveränität, die sich in den Formen des demokratischen Rechtstaates entfaltet. In Deutschland war sie bislang nicht entwickelt worden. Das versuche ich mit meinen Schriften „Die Souveränität Deutschlands", 2012, und „Souveränität. Grundlegung einer freiheitlichen Souveränitätslehre. Ein Beitrag zum deutschen Staats- und Völkerrecht", 2015. Deren Leitsatz ist: Souverän ist, wer frei ist. Allein eine solche Dogmatik wird dem Ideal der liberté, égalité und fraternité gerecht, das nicht nur die Französische Verfassung bestimmt, sondern auch die deutsche, das Grundgesetz, vor allem aber ausweislich Art. 1 der Allgemeinen Erklärung der Menschenrechte das Weltrechtsprinzip ist.

III   Freiheit versus Herrschaft

1. Ohne Freiheitslehre gibt es keine Bürgerlehre, keine Republiklehre und keine demokratische Souveränitätslehre. Freiheit ist die Würde des Menschen. Die äußere Freiheit ist die „Unabhängigkeit von eines anderen nötigender Willkür". Sie ist „dieses einzige, ursprüngliche, jedem Menschen, kraft seiner Menschheit, zustehende Recht, sofern sie mit jedes anderen Freiheit nach einem allgemeinen Gesetz zusammen bestehen kann" (MdS, S. 345). Die innere Freiheit ist die Sittlichkeit, deren Triebfeder die Moralität ist. Das Gesetz der Freiheit als der Autonomie des Willens (GzMdS, S. 63 ff.; KpV, S. 144 ff.) ist das Sittengesetz, der kategorische Imperativ (GzMdS, S. 43 ff.; KpV, S. 142 ff.). Es gibt keine innere Freiheit ohne äußere Freiheit, aber die äußere Freiheit findet ohne innere Freiheit, d.h. Sittlichkeit und Moralität, keine Wirklichkeit (FridR, S. 67 ff., 83 ff.). Weil Freiheit die Unabhängigkeit von der Natur des Menschen ist, nämlich eine Kategorie der Vernunft, ist der Wille aus sich selbst heraus Gesetz und somit Freiheit nichts anderes als die Autonomie des Willens (GzMdS, S. 74 ff., 81 ff.).

Freiheit verwirklicht sich durch Rechtlichkeit in allgemeiner Gesetzlichkeit (FridR, S. 49 ff., 281 ff., 420 ff.). Nur wer unter dem eigenen Gesetz lebt, das logisch zugleich ein Gesetz all derer sein muß, die zusammen leben, ist frei, nämlich unabhängig von eines anderen nötigender Willkür (FridR, S. 67 ff., 274 ff.). Das haben schon John Locke und Jean- Jacques Rousseau so konzipiert[15]. „Von dem Willen gehen die Gesetze aus; …" (MdS, S. 332), so daß nur der allgemeine Wille gesetzgebend sein kann. Das folgt aus der „… Idee der Würde eines vernünftigen Wesens, das keinem Gesetze gehorcht, als dem, das es zugleich selbst gibt" (GzMdS, S. 67). Das demokratische Prinzip, mittels dem die Freiheit der Bürger verwirklicht wird, hat darum seine Grundlage in der Würde des Menschen. So sieht das auch das Bundesverfassungsgericht (BVerfGE 123, 267 (341), Rn. 211). BVerfGE 129, 124 (177, Rn. 101): „Der Anspruch auf freie und gleiche Teilhabe an der öffentlichen Gewalt ist in der Würde des Menschen (Art. 1 Abs. 1 GG) verankert". Dem entspricht auch der folgende Satz des Gerichts: „Der Staat des Grundgesetzes ist der Entscheidungs- und Verantwortungszusammen-

---

15 J. Locke, Über die Regierung, 1690, IV, 22, S. 18, VII, 87, 88, 89, S. 65 ff., VIII, 95, S. 73, XI, 134, 135, S. 101 ff. (freilich mit dem Mehrheitsprinzip); J.-J. Rousseau, Contract Social, Vom Gesellschaftsvertrag oder Grundsätze des Staatsrechts, 1762, II, 6, S. 39 ff. (gegen das Mehrheitsprinzip, aber mit Mehrheitsregel).

hang, vermittels dessen sich das Volk nach der Idee der Selbstbestimmung aller in Freiheit und unter Anforderung der Gerechtigkeit seine Ordnung, insbesondere seine positive Rechtsordnung als verbindliche Sollensordnung setzt" (BVerfGE 44, 125 (142)). Zu den elementaren Bestandteilen des Demokratieprinzips zählt das Bundesverfassungsgericht nicht nur die Wahlen, sondern auch die Abstimmungen (BVerfGE 123, 267 (341, Rn. 211)). Diese werden den Bürgern auf Bundesebene entgegen Art. 20 Abs. 2 S. 2 GG vorenthalten. Dadurch werden die Freiheit der Bürger, die Würde des Menschen und die Souveränität des Volkes verletzt.

Das Sittengesetz, der kategorische Imperativ, als das Gesetz der inneren Freiheit, der Sittlichkeit, steht in Art. 2 Abs. 1 GG: „Jeder hat das Recht auf die freie Entfaltung seiner Persönlichkeit, soweit er nicht die Rechte anderer verletzt und nicht gegen die verfassungsmäßige Ordnung oder das Sittengesetz verstößt". Im mit „soweit" eingeleiteten Satzteil stehen keine Schranken der Freiheit, keine Schrankentrias, wie das Bundesverfassungsgericht meint (BVerfGE 6, 32 (36 ff.); 90, 145 (171); 113, 88 (103); st. Rspr.) und damit das Grundgesetz folgenreich verändert, sondern darin wird die Freiheit in der Republik, dem freiheitlichen Gemeinwesen, definiert (FridR, S. 256 ff., 266 ff.).

Sittlichkeit ist die praktische Vernunft, die unparteiliche Sachlichkeit. In einem Gemeinwesen, dessen politische Grundlage die Idee der Freiheit ist, also die der Gleichheit aller Menschen in der Freiheit, ist diese Sittlichkeit die Logik der Ethik und damit des Rechtsprinzips. Das Sittengesetz ist das Gesetz des Sollens (KrV, S. 701). Das Sittengesetz hat drei Formeln, nämlich: die deontische Formel: „...: handle nur nach derjenigen Maxime, durch die du zugleich wollen kannst, daß sie ein allgemeines Gesetz werde" (GzMdS, S. 51), oder: „Handle so, daß die Maxime deines Willens jederzeit zugleich als Prinzip einer allgemeinen Gesetzgebung gelten könne" (KpV, S. 140), die Naturgesetzformel: „...: Handle so, als ob die Maxime deiner Handlung durch deinen Willen zum allgemeinen Naturgesetze werden sollte" (GzMdS, S. 51), die Selbstzweckformel: „...: Handle so, daß du die Menschheit, sowohl in deiner Person, als in der Person jedes andern, jederzeit zugleich als Zweck, niemals bloß als Mittel brauchest" (GzMdS, S. 61). „Maxime ist das subjektive Prinzip des Wollens; das objektive Prinzip (d. i. dasjenige, was allen vernünftigen Wesen auch subjektiv zum praktischen Prinzip dienen würde, wenn Vernunft volle Gewalt über das Begehrungsvermögen hätte) ist das praktische Gesetz" (GzMdS, S. 27), oder: "Maxime aber ist das subjektive Prinzip zu handeln, was sich das Subjekt selbst zur Regel macht (wie es nämlich handeln will)" (MdS, S. 332).

Das Bundesverfassungsgericht hat sich die Selbstzweckformel zu eigen gemacht und mit dieser die Menschenwürde interpretiert, nämlich: "..., der einzelne soll nicht Objekt der richterlichen Entscheidung sein, ..." (BVerfGE 9, 89 (95)), oder: "Es widerspricht der menschlichen Würde, den Menschen zum bloßen Objekt im Staat zu machen" (BVerfGE 27, 1 (6), Mikrozensus). Im Urteil zur lebenslangen Freiheitsstrafe (BVerfGE 45, 187 (228)) hat das Gericht hinzugefügt: „Der Satz ‚der Mensch muß immer Zweck an sich selbst bleiben' gilt uneingeschränkt für alle Rechtsgebiete; denn die unverletzbare Würde des Menschen als Person besteht gerade darin, daß er als selbstverantwortliche Persönlichkeit anerkannt bleibt." Somit ist die Staatsform der Republik, die demokratisch sein muß[16], durch die unantastbare Menschenwürde geboten; denn nur in dieser Staatsform bleibt der Mensch „Zweck an sich selbst" (Rprp, S. 1 ff., 234 ff.; PdR, S. 25 f. 28 ff., 35 ff., 86 ff., 94 ff.; FridR, S. 4 f.)[17]

Das Sittengesetz ist als Ethos des gemeinsamen Lebens in gleicher Freiheit das Prinzip der Brüderlichkeit, also das der Solidarität, nämlich das Sozialprinzip (Rprp, S. 234 ff., FridR, S. 636 ff.)[18]. Das Sittengesetz folgt gerade darin der Logik der allgemeinen Freiheit. Das Sittengesetz als der kategorische Imperativ ist die universalisierte Fassung der biblischen lex aurea (GzMdS, S. 25; KpV, S. 113; MdS, S. 586 ff.). Es ist die politische For-

16 Staats- und Regierungsform ist nicht die Demokratie, so aber K. Stern, Das Staatsrecht der Bundesrepublik Deutschland, Bd. I, Grundlagen und Grundbegriffe des Staatsrecht, Strukturprinzipien der Verfassung (Staatsrecht I), 2. Aufl. 1984, S. 599 ff.; E. W. Böckenförde, Demokratie als Verfassungsprinzip HStR, Bd. I, 1987, § 22, Rdn. 1, 8, 9 ff.

17 W. Maihofer, Prinzipien freiheitlicher Demokratie, Handbuch des Verfassungsrechts der Bundesrepublik Deutschland (HVerfR), 1983, 2. Aufl. 1994, S. 536, bzw. 508; ders., Legitimation des Staates aus der Funktion des Rechts ARSP, Beiheft Nr. 15, 1981, S. 16 in Fn. 3; P. Häberle, Die Menschwürde als Grundlage der staatlichen Gemeinschaft, HStR, Bd. I, 1987, § 20, Rdn. 54 ff., 61 ff., 67 ff., 3. Aufl. 2004, Bd. II, § 22, Rdn. 54 f.; auch E. W. Böckenförde, Demokratie als Verfassungsprinzip HStR, Bd. I, § 22, Rdn. 35 ff.

18 J. Rawls, Eine Theorie der Gerechtigkeit, 1975, S. 264, erwartet „Freundschaft zwischen den Bürgern"... „als Ethos der politischen Kultur", das er als Brüderlichkeit i. S. seines „Unterschiedsprinzips" (S. 95 ff.) begreift, in der „wohlgeordneten Gesellschaft" (S. 21) im Sinne der Idee des „Reichs der Zwecke" Kants (GzMdS, S. 66 f.; scharfe, bedenkenswerte Kritik am „völlig unbestimmten, daher rechtsstaatswidrigen" Begriff der Solidarität, in dem „die totale Leugnung der Freiheit, aller Freiheiten" liege, übt W. Leisner, Das Volk. Realer oder fiktiver Souverän? 2005, S. 88 ff., der befürchtet, daß die Solidarität im „totalen Kommunismus" endet, zumal der Begriff ungeklärt lasse, „wer zu wem Solidarität empfinden solle", in welchen etwa „kleineren Einheiten"; im übrigen zwinge „Herrschaft zur Solidargemeinschaft", indem sie Solidarsteuern erhebe.

mulierung des ethischen, zumal christlichen, Liebesprinzips: „Du sollst deinen Nächsten lieben wie dich selbst; denn ich bin der Herr" (3. Mose 19,18). Darin kommt die Einheit von Freiheit, Gleichheit und Brüderlichkeit zum Ausdruck. Das Sittengesetz ist das Rechtsprinzip (FridR, S. 83 ff., 424 ff.). Die Sittlichkeit bedarf der Materialisierung in Gesetzen, die nur Gesetze des Rechts (Rechtsgesetze) sind, wenn sie praktisch vernünftig, nämlich unparteilich und sachlich, sind, also dem kategorischen Imperativ genügen.

Die Moral besteht kantianisch nicht aus materialen Vorschriften, wie sie die guten Sitten als Teil der Rechtsordnung enthalten[19], auch nicht aus Vorschriften einer religiösen Lebensordnung, deren Verbindlichkeit göttlich fundiert ist, oder gar in der (sogenannten) political correctness, deren Verbindlichkeit dem Zwang der öffentlichen Meinung erwächst. Das wäre der von Kant ebenso wie von der Weltrechtsordnung und dem Grundgesetz zurückgewiesene Moralismus (ZeF, S. 233). Vielmehr ist die Moralität ein formales Prinzip, welches keine materialen Vorschriften in sich trägt. Moral bezeichnet die Triebfeder des guten Handelns. Moral bewirkt den Selbstzwang (MdS, S. 511 ff., 525 ff.; Rprp, S. 130 ff., 279 ff.; FridR, S., 67 ff.), dessen Imperativ lautet: „Handle pflichtmäßig, aus Pflicht" (MdS, Tugendlehre, S. 521, 523). Die Pflichten folgen entweder aus den Gesetzen des Rechts, sind also Rechtspflichten, oder aus den Gesetzen der Tugend und sind damit Tugendpflichten. Die Rechtspflichten sind äußerlich und damit erzwingbar (MdS, S. 511 ff., 525 ff.); denn „das Recht ist mit der Befugnis zu zwingen verbunden" (MdS, S. 338 f., 527). Die Tugendpflichten sind material; denn sie machen Zwecke verbindlich. Tugendpflichten sind aber nicht erzwingbar, sondern unterliegen dem Selbstzwang und sind darum bloß innerlich (MdS, S. 508 ff.). Legalität ist nach Kant sowohl die Beachtung der Rechtspflichten als auch der Tugendpflichten (MdS, S. 318 f., 323 ff.). Die Moral verpflichtet auch zur Achtung des ius, der Rechtspflichten also, nicht nur, den Tugendpflichten zu folgen (MdS, S. 512). Moralität schließt somit Legalität ein. Tugendpflichten können Rechtspflichten nicht aufheben. Keinesfalls rechtfertigt die Gewissensfreiheit aus Art. 4 Abs. 1 GG einen Rechtsverstoß (Rprp, S. 420; unklar BVerfGE 12, 45 (55)).

Moral gebietet nicht nur Legalität des Gesetzesvollzugs, sondern auch und vor allem die Beachtung des Sittengesetzes bei allen Handlungen, auch

---

19 Dazu K. A. Schachtschneider, Staatsunternehmen und Privatrecht, Kritik der Fiskustheorie, exemplifiziert an § 1 UWG, 1986, S. 363 ff.

bei der Gesetzgebung. Zum Handeln gehört die Gesetzgebung für die Maximen des Handelns, die Maximenbildung selbst, welche die Zwecksetzung einschließt, und schließlich der Zweckvollzug (FridR, S. 311 ff.). Entgegen der Ethik dieses Freiheitsbegriffs gibt es kein Recht, sondern nur Unrecht.

Jede äußere wie auch innere Beschränkung der Souveränität verletzt die Freiheit der Bürger. Die politische Freiheit der Bürger verwirklicht sich in der Souveränität des Volkes als der Bürgerschaft. Die Freiheit hat ihre innere Bestimmtheit, nämlich das Rechtsprinzip, die Sittlichkeit oder praktische Vernunft. Rechtsprinzip, Sittlichkeit und praktische Vernunft sind aber nicht beschränkbar. Sie können nur verwirklicht oder verletzt werden. Sie werden durch allgemeine Gesetze und persönliche Maximen des Handelns verwirklicht, welche dem Recht genügen. Diesen Begriff der Freiheit kann man als Beschränkung der äußeren Freiheit, der Unabhängigkeit von eines anderen nötigender Willkür, durch die innere Freiheit, deren Gesetz das Sittengesetz, der kategorische Imperativ, das Liebesprinzip ist, erfassen. Besser ist die Sittlichkeit als die Bestimmung der Freiheit zu verstehen. Die äußere und die innere Freiheit lassen sich nicht trennen. Sie bedingen einander, weil die Freiheit allgemein und gleich ist. Nur wer die Freiheit mit dem Recht verwechselt, zu tun und zu lassen was beliebt, eine liberalistische Freiheit (dazu Rprp, S. 441 ff., FridR, S., 343 ff.), die es nicht gibt und die es unter Menschen mit gleicher Freiheit nicht geben kann, kann in den Gesetzen Schranken der Freiheit sehen. Liberalistische Grundrechte, die der Untertan der Obrigkeit entgegenhalten kann, um die Obrigkeit konstitutionalistisch einzuschränken, sind Abwehrrechte des Bürgers gegen den Staat (BVerfGE 7, 198 (204)). Der Mensch bleibt nach der liberalistischen Konzeption Teil einer vom Staat zu unterscheidenden Gesellschaft. Er wird zwar Bürger genannt[20], ist aber Bürger allenfalls insoweit, als er durch Wahlen die Ausübung der Staatsgewalt ‚legitimiert', wenn nicht Abstimmungen der Bürger ermöglicht sind. Im Verhältnis zum Staat ist der Bürger nicht privat, sondern staatlich, Subjekt des Staats- und Verwaltungsrechts der Republik. Privat ist er nur gegenüber an-

---

20 Dazu K. A. Schachtschneider, Die Bürgerlichkeit des Bürgers – Der Kampf um den Freiheitsbegriff, in: H. Seubert/J. Bauch (Hrsg.) Deutschland und Europa in einer veränderten Welt, Weikersheimer Dokumentation, Bd. I (XXXV), 2013 S. 23 ff.; auch homepage www. KASchachtschneider. de, unter Downloads; ders., Bürgerlichkeit und deren Gefährdungen, in: R. Breuninger, Der erschöpfte Bürger. Ambivalenzen der Demokratie, Bausteine der Philosophie 33, 2014, S. 25 ff.

deren Privaten[21], denen gegenüber er sich im Prinzip gerade nicht auf Grundrechte berufen kann, allenfalls mittelbar.

Richtig ist, daß Grundrechte, welche bestimmte freiheitliche Handlungen verfassungsrangig schützen, durch Gesetze beschränkt werden können, wenn das vorgesehen ist. Diese Gesetze verwirklichen wiederum die Freiheit, der ein übermäßiger Grundrechtsschutz bestimmter Handlungen entgegenstehen würde, weil diese Handlungen anderen schaden würden. Die Freiheit und die Grundrechte, welche sie schützen, müssen unterschieden werden. Die Souveränität ist aber kein eigenständiges Grundrecht der Bürger oder des Volkes, sondern deren Freiheit selbst, die freilich durch den Grundrechtsschutz der Menschenwürde und der allgemeinen Freiheit aus Art. 1 Abs. 1 S. 1 und Art. 2 Abs. 1 GG in Verbindung mit Art. 93 Abs. 1 Nr. 4a GG Rechtsschutz, zumal Verfassungsgerichtsschutz, beanspruchen kann. Die Praxis in Deutschland hat die politische Freiheit als fundamentales Recht der Menschen bisher nicht anerkannt, sondern nur in Ausschnitten akzeptiert, insbesondere im Recht der Meinungsäußerung (etwa BVerfGE 5, 85 (134, 199, 206 f.); 69, 315 (342 ff.); st. Rspr.; Rprp, S. 588 ff.) und im Recht auf Volksvertretung oder Demokratie (insb. BVerfGE 89, 155 (171 ff.), Maastricht-Urteil; 123, 267, Rn. 167 ff., Lissabon-Urteil; BVerfGE 129, 124 (177, Rn. 100 f.). Der Bayerische Verfassungsgerichtshof hat eine politische Freiheit als Grundrecht explizit zurückgewiesen (BayVerfGH, BayVBl. 1999, 719 ff. (726)). Die dualistische Freiheitslehre kennt neben der politischen Freiheit im republikanischen Sinne eben diese liberalistische Freiheit (Rprp, S. 501 ff., FridR, S. 391 ff.).

2. Die repräsentative Ausübung der Staatsgewalt wird vom Bundesverfassungsgericht (BVerfGE 2, 1 (12 f.); 83, 37 (52); 83, 60 (72); 89, 155 (188 ff.); 95, 1 (15); 123, 267, Rn. 213, 217 ff., 250, 263, 268, 270, 272, 280, 294; 129, 124, Rn. 98) und fast der gesamten Staatsrechtslehre[22] als Herrschaft (Kritik Rprp, S. 71 ff.; FridR, S. 115 ff.) oder gar Herrschaftsgewalt hingestellt.

---

21 K. A. Schachtschneider, Der Anspruch auf materiale Privatisierung, 2005, S. 40 ff.
22 Etwa (sehr einflußreich) E.-W. Böckenförde, Die Zukunft politischer Autonomie. Demokratie und Staatlichkeit im Zeichen von Globalisierung, Europäisierung und Individualisierung, in: ders., Staat, Nation, Europa, Studien zur Staatslehre, Verfassungstheorie und Rechtsphilosophie, 2. Aufl. 2000, S. 103 ff., 107; ders., Demokratie als Verfassungsprinzip, HStR, Bd. I, 1987, § 22, Rdn. 9 ff.; für die jüngere Staatsrechtslehre U. Di Fabio, Das Recht offener Staaten, S. 26, 130, durchgehend; für die politische Wissenschaft etwa P. Graf Kielmansegg, Volkssouveränität. Eine Untersuchung der Bedingungen demokratischer Legitimität, 1977, durchgehend, auch historisch.

Carl Friedrich von Gerber hat 1865 die Staatsgewalt mit der Beherrschung identifiziert[23]. Georg Jellinek definiert 1900: „Herrschergewalt hingegen ist unwiderstehliche Gewalt. Herrschen heißt unbedingt befehlen und Erfüllungszwang über können" „Herrschen ist das Kriterium, das die Staatsgewalt von allen anderen Gewalten unterscheidet"[24]. Hermann Heller folgt: „Herrschen heißt Gehorsam finden und zwar ohne Rücksicht darauf, ob der Gehorchende den Befehlen innerlich zustimmt oder nicht, vor allem unabhängig von der vom Gehorchenden vorgestellten Interessenförderung". „Herrschaft bleibt aber immer eine Relation zwischen zwei Willen, Motivation des einen Willens durch den anderen; …" „Herrschen heißt: mit eignen Mitteln Fügsamkeit finden, gegebenenfalls den Gehorsam mit eignen Mitteln erzwingen können"[25]. Fast alle orientieren ihren Herrschaftsbegriff, wenn sie überhaupt einen nennen, an Max Webers Begriff: „Herrschaft soll heißen die Chance, für einen Befehl bestimmten Inhalts bei angebbaren Personen Gehorsam zu finden"[26]. Carl Schmitt hat die Entscheidung der Weimarer Verfassung für die Demokratie als Entscheidung für die Herrschaft des Volkes, nicht freiheitlich, sondern gleichheitlich, d. h. durch Führer und Akklamation, die liberal-rechtsstaatlich, also bürgerlich, durch den Schutz einer privaten Sphäre gemäßigt sei, verstanden[27]. Die deutsche Staatsrechtslehre schreibt, wenn nicht von Georg Jellinek, dann von Carl Schmitt ab, anstatt Immanuel Kant, den wegweisenden Freiheits- und Rechtslehrer und geistigen Vater des Grundgesetzes, und dessen besten Schüler Karl Jaspers zu studieren. Die Herrschaftsideologie hat im Modernen Staat Hegel nicht nur begründet, sondern tief in das Denken und Fühlen deutscher Eliten eingesenkt, mit verheerenden Wirkungen. Oboedientia facit imperantem ist die soziologisch richtige Erkenntnis. Faktizität ist nicht schon Recht. Aber ein Bürger gehorcht nicht, sondern folgt dem Gesetz; denn das ist auch sein Wille. Die rechtliche Gesetzlichkeit des gemeinsamen Lebens ist das Ethos der Freiheit. Es gibt keine Legitimation von Herrschaft; denn alle Menschen sind frei geboren.

---

23 Grundzüge des deutschen Staatsrechts, 2. Aufl. 1869, S. 1 ff., 7 ff.
24 Allgemeine Staatslehre, S. 429 f., 489 ff. unter Bezug auf von Gerber und Laband.
25 Die Souveränität, S. 57 f.
26 Wirtschaft und Gesellschaft. Grundriß einer verstehenden Soziologie, 1921, ed. J. Winkelmann, 5. Aufl. 1972/76, S. 38.
27 Verfassungslehre, 1928, S. 224 f.

Das Bundesverfassungsgericht führt im Lissabon-Urteil zu Randnummer 231 aus:

„Die Ermächtigung zur Übertragung von Hoheitsrechten auf die Europäische Union oder andere zwischenstaatliche Einrichtungen erlaubt eine Verlagerung von politischer Herrschaft auf internationale Organisationen".

Das ist ein Satz, der weder mit der Freiheit noch mit der Souveränität des Volkes, welche das Gericht stetig hervorhebt (oben zu I), vereinbar ist. Der Staat ist kein Herrschaftsgebilde. Diese unter dem Grundgesetz niemals begründete Behauptung ist eine folgenreiche Verzerrung der Republik als freiheitlichem Gemeinwesen, der politischen Form der Freiheit (FridR, S. 115 ff.). Daß sich der Parteienstaat oft, wenn nicht meist, herrschaftlich, ja diktatorisch gebärdet, wie gegenwärtig zunehmend die der Europäischen Union verpflichtete Bundesrepublik Deutschland, ändert nichts an der Dogmatik des freiheitlichen Staates, der Republik. Das ist vielmehr Mißbrauch der Vertretungsbefugnis der Amtswalter, welche die Bürger nicht hinnehmen dürfen. Die Freiheit ist mit dem Menschen geboren. Sie ist nicht irgendeiner änderbaren Politik zu danken. Vielmehr muß der Staat die Verfassung der Freiheit durch sein Verfassungsgesetz und seine Gesetze bestmöglich der Lage gemäß verwirklichen (dazu Rprp, S. 71 ff., FridR, S. 115 ff.).

IV Souveränität der Staaten und Selbstbestimmung der Völker

Das Völkerrecht unterscheidet die „souveräne Gleichheit" der Staaten nach Art. 2 Nr. 1 der Charta der Vereinten Nationen und die „Gleichberechtigung und Selbstbestimmung der Völker" nach Art. 1 Nr. 2 der Charta. Der gewohnheitsrechtliche Status des Selbstbestimmungsrechts der Völker ist anerkannt. Beide Prinzipien, die Souveränität und die Selbstbestimmung sind die Freiheit der Bürger, deren Willensautonomie. Die Bürger üben ihre Souveränität gemeinsam als Bürgerschaft, als Volk, mittels ihres Staates aus, nach innen und nach außen. Sie bestimmen sich darin selbst gemäß der politischen Form der allgemeinen und gleichen Freiheit, der Republik, deren politische Willensbildung demokratisch verfaßt ist. Das ist Selbstbestimmung des als Staat verfaßten Volkes und somit Souveränität des Staates im bürgerlichen Sinne. Die Selbstbestimmung der Völker ist gleichfalls Ausübung der Souveränität als der Freiheit von Menschen, von einer Menge von Menschen, die ein Volk bilden oder bilden wollen. Das Selbstbestimmungsrecht der Völker gibt Völkern, die nicht als Staaten verfaßt sind, das Recht politischer Selbstbestimmung und damit das Recht, einen Staat zu bilden, in dem sie leben.

Dieses Recht richtet sich auch und insbesondere gegen Staaten, in welchen diese Völker Bürger eines größeren Staatsvolkes sind. Aber auch Völker, die staatsübergreifend leben, haben das Recht, einen eigenen Staat zu bilden. Sie nehmen dadurch ihre politische Freiheit wahr, die allen voran das Recht zum Inhalt hat, in einem selbstbestimmten, eigenständigen Staat zu leben. Den Unterschied beider Prinzipien macht der Volksbegriff. Die Souveränität des Staates hat das Staatsvolk als die Bürgerschaft des jeweiligen Staates, jeder Bürger, der seine Souveränität mit den anderen Bürgern gemeinschaftlich, organisiert als Staat, ausübt. Das Selbstbestimmungsrecht hat ein Volk, wie immer das begriffen wird. Dieses Selbstbestimmungsrecht kollidiert mit dem Bestandsschutz, den die meisten Staaten in ihren Verfassungsordnungen verankert haben, Deutschland in Art. 21 Abs. 2 S. 1 GG. Danach sind Parteien verfassungswidrig, die darauf ausgehen, den „Bestand der Bundesrepublik Deutschland zu gefährden", etwa mit einem Teil des Staatsvolkes, nämlich einem Volk, etwa eines Landes des Bundes, zu separieren.

Der Volksbegriff des Selbstbestimmungsrechts der Völker ist streitig und streitbar. Ein Volk kann ethnisch, religiös, kulturell, geschichtlich, sprachlich bestimmt sein. Der Volkscharakter ist jeweils konkret festzustellen. Einen allgemeinen materiellen Begriff des Volkes gibt es nicht und kann es nicht geben. Es sind formale Kriterien, die ein Volk ausmachen. Maßgeblich ist der Wille der Menschen, die in einem Staat als Volk zusammen leben wollen. Dafür ist ein besonderer Grund nicht erforderlich, schon gar nicht ein Grund, der allseits anerkannt wird. Es ist, um mit Rousseau zu sprechen, der contract social, der ein Volk bildet. Kant definiert das Volk als „eine Menge von Menschen, oder eine Menge von Völkern, die im wechselseitigen Einflusse gegen einander stehend, des rechtlichen Zustandes unter einem sie vereinigenden Willen, einer Verfassung (constitutio) bedürfen, um dessen, was Rechtens ist, teilhaftig zu werden" (MdS, S. 429). Das ist ebenso substantiell wie fundamental im freiheitlichen Sinne des Republikanismus. Es geht um das gemeinsame Leben von Menschen in Freiheit und damit in Rechtlichkeit. Notwendig ist die territoriale Einheit hinreichender Größe des Gebietes, in dem die Menschen leben, die sich zu einem Staat verfassen, weil anders kein Frieden möglich ist. Kant spricht demgemäß, wie schon zitiert, vom einem „wirklichen Rechtsgesetz der Natur, ein Recht auf bürgerliche Verfassung" (MdS. S. 366, 374). Aber es können sich immer wieder neue Völker bilden, größere durch Staatenbildung, auch Bundesstaaten, und kleinere durch Separationen von Volksteilen zu neuen Staaten. Maßgeblich ist die „Selbstidentifikation" einer Menge von Menschen als Volk.

Der Wille der zusammenlebenden Menschen, als Volk einen Staat zu bilden, muß manifestiert werden. Der Wille verwirklicht in praktischer Vernunft die Freiheit. Der Willensakt bedarf einer Abstimmung unter allen Menschen des neuen Volkes oder des Volksteiles eines Staates, der einen neuen Staat bilden will. Das Referendum bedarf einer eindeutigen Mehrheit, um Vergewaltigungen schweigender Mehrheiten durch aktive Minderheiten vorzubeugen. Erforderlich ist weiter ein hinreichendes Verfahren, das die Freiheit der Abstimmung sicherstellt. Dieses Verfahren sollte, wenn ein Volksteil sich von dem Staat, in dem er lebt, separieren will, der alte Staat einrichten.

Der Volksbegriff hat erhebliche politische Sprengkraft, wie gerade wieder (2014) der kriegstreibende Vorwurf gegen die Russische Föderation, sie habe die Krim von der Ukraine annektiert, erweist. Die Trennung der Krim, genauer des Volkes der Krim, von der Ukraine war eine von der Russischen Föderation militärisch gemäß der Friendly Declaration der Vereinten Nationen (Nr. 2625 vom 24. Oktober 1970) gegen die Versuche der Ukraine, unterstützt von den USA, sie mit Gewalt zu verhindern, geschützte Sezession, ein Fall der Selbstbestimmung eines Volkes. Die Bemühungen die Ukraine in die Europäische Union und schließlich in die NATO zu integrieren, war ein existentieller Vorgang, der auch nach restriktiver Dogmatik eine Sezession rechtfertigt, zumal dem Assoziierungsvertrag der Ukraine mit der Europäischen Union ein gewaltsamer Wechsel der politischen Führung vorangegangen war, nachdem der frühere Staatspräsident nicht bereit war, das Assoziierungsabkommen zu unterzeichnen. Der Umsturz durfte eine ‚schmutzige' Intervention des Westens gewesen sein. Das Recht zum Beistand, den Rußland gegeben hat, ist das Recht zur Nothilfe gegen Unrecht. Dieses Recht ist uraltes allgemeines Menschheitsrecht. Es steht über dem Bestandsschutz des Staates.

Die Sezession Schottlands vom Vereinigten Königreich hat das Schottische Volk am 18. September 2014 mehrheitlich abgelehnt. Die Sezession

Kataloniens von Spanischen Königreich wird zurzeit völkerrechtswidrig unterbunden.

Der alte Staat ist nicht berechtigt, die Sezession eines Volksteiles mit Gewalt zu unterbinden. Er würde das Selbstbestimmungsrecht des neuen Volkes und damit die politische Freiheit seiner Bürger verletzen. Der elementare Ausdruck dieser Freiheit ist, in diesem neuen Staat leben zu wollen. Dieser Willensakt ist revidierbar. Wenn nur einzelne Bürger den Staat, in dem sie leben, verlassen wollen, steht ihnen das Recht des freien Zuges zur Verfügung. Das ist ein unumstößliches Menschenrecht. Ohnehin muß die Sezession den Schutz der Minderheit, deren ius emigrandi, gewährleisten, aber auch das Verbleiben in der Heimat.

Der Bestandsschutz des Staates kann sich gegen das völkerrechtliche Selbstbestimmungsrecht nicht behaupten. Zum einen ergibt das der Vorrang des Völkerrechts, der aus dem umgekehrten Monismus folgt, nämlich aus der Freiheit des Volkes, das das Völkerrecht anerkannt und damit zum eigenen Recht gemacht hat. Das Selbstbestimmungsrecht des Volkes verdrängt somit den Bestandsschutz des Staates. Dessen Schutz im Verfassungsgesetz muß sich die Grenze des Selbstbestimmungsrechtes gefallen lassen. Nach Art. 25 GG sind in Deutschland die allgemeinen Regeln des Völkerrechts vorrangiges Bundesrecht Das relativiert den Bestandsschutz der Bundesrepublik Deutschland, der in Art. 21 Abs. 2 GG zugrunde gelegt ist, als gegenläufiges Verfassungsrecht. Zum anderen gründet das Selbstbestimmungsrecht der Völker auf der Menschheit des Menschen, auf der Freiheit des Menschen als dessen Würde. Die aber ist das oberste Rechtsprinzip der Menschheit. Der Staat besteht nur, weil die Menschen, die sich in diesem zur Verwirklichung des gemeinen Wohls vereinigt haben, ihn wollen. Sie können ganz oder in Teilen diesen Willen ändern. Staaten kommen und gehen. Sie haben keine eigenständige Existenz. Es gibt keine Staatssouveränität (mehr), sondern nur Bürgersouveränität als Freiheit des Menschen. Auch die Deutschen dürfen in mehreren Staaten leben, wie das auch vor der Reichsgründung 1871 der Fall war und wie es heute noch durch die Eigenständigkeit Österreichs der Fall ist. Auch in der Schweiz leben viele Deutsche.

Es ist für den Frieden unter dem Menschen und damit für den Frieden in den Staaten und unter den Staaten von existentieller Bedeutung, daß die Souveränität von dem Selbstbestimmungsrecht der Völker präzise unterschieden wird. Beide gründen in der Freiheit der Menschen, in deren Willensautonomie, und beide sind die grundlegenden Prinzipien der Völkergemeinschaft und des Völkerrechts. Wer sie absichtlich oder unabsichtlich verwechselt, schafft die Gefahr von Kriegen, Bürgerkriegen und Staatenkriegen. Wer sie mißbraucht, versündigt sich an der Menschheit des Menschen.

V   Deutschland als souveräner Staat der Deutschen

1. „Der Staat" (civitas) ist „die Vereinigung einer Menge von Menschen unter Rechtsgesetzen", ist die republikanische Definition Kants des freiheitlichen Staates (MdS, S. 431). Das Verfassungsgesetz verfaßt den Staat.

Allemal ist die Bundesrepublik Deutschland so, wie sie sich ausweislich Art. 20 Abs. 1 GG versteht, ein Staat. Sie ist es nach den Kriterien des Völkerrechts; denn sie besteht aus den drei erforderlichen Elementen, Staatsvolk, Staatsgebiet, Staatsgewalt (so auch BVerfGE 123, 267, Absatz 198), und ist von der Völkergemeinschaft als Staat anerkannt. Sie ist auch staatsrechtlich ein Staat; denn sie ist „eine Vereinigung einer Menge von Menschen unter Rechtsgesetzen". Schon deswegen ist Deutschland souveränes Mitglied der Staatengemeinschaft und demgemäß auch Mitglied der Vereinten Nationen.

Deutschland ist auch ein Verfassungsstaat. Das Grundgesetz ist sein Verfassungsgesetz, funktional fraglos, weil es Deutschland als Staat mit allen Elementen einer neuzeitlichen Verfassung, insbesondere mit den Grundrechten, ordnet, als auch „legitimatorisch", besser legaliter, weil es trotz des Einflusses der Besatzungsmächte 1949 im Laufe der Jahrzehnte von den Deutschen als ihre Staatsverfassung angenommen ist. Es gibt kein höheres Gesetz über die Entstehung eines Verfassungsgesetzes. Maßgeblich ist der Wille des Volkes, dessen Bürger in großer Mehrheit, so gut wie alle, das Grundgesetz als ihr Verfassungsgesetz anerkennen. Insofern greift die Lehre von der normativen Kraft des Faktischen, die Georg Jellinek[28] gelehrt hat. Das vielfache staatliche Unrecht nimmt Deutschland nicht den Staatscharakter, obwohl die politische Klasse Deutschland zunehmend in einen Unrechtsstaat, in ein latrocinium (eine Räuberbande) im Sinne des Kirchenvaters Augustinus[29] verwandelt, weil ihm mehr und mehr, vornehmlich durch die Integration in die Europäische Union, die Gerechtigkeit mangelt.

---

28 Allgemeine Staatslehre, 3. Aufl. 1914, S. 337 ff.
29 De Civitate Dei, hrsgg. von H. U. Baltasar, 1960, IV, 4-6, S. 115.

All das Gerede, daß dem Grundgesetz seit der Aufhebung des alten Beitrittsartikels 23 GG der Geltungsbereich fehle und noch die Verfassung des Deutschen Reiches von 1919 oder gar die Bismarcksche Reichsverfassung von 1871 gelte, ist ohne Substanz. Richtig ist, daß Deutschland seit 1871 seine Identität gewahrt hat (BVerfGE 36, 1 (16); 40, 141 (171)). Aber es hat sein Verfassungsgesetz geändert. Ein Verfassungsgesetz gilt nicht, weil dessen Entstehung einem bestimmten Verfahren gefolgt ist, sondern weil sie gelebt wird, vorausgesetzt, sie genügt der Verfassung der Menschheit des Menschen, der Verfassung der allgemeinen Freiheit, die mit uns geboren ist. Es gibt Verfassungsgewohnheitsrecht, das durch usus longaevius und opinio necessitatis entsteht. Das Verfassungsgesetz muß das Rechtsprinzip verwirklichen. Sonst ist das Verfassungsgesetz rechtswidrig und unverbindlich. Ein solches Verfassungsgesetz fordert die Revolution heraus, die Befreiung zum Recht. Die steten Verletzungen des Verfassungsgesetzes durch den Staat, auch durch dessen Judikative, nehmen dem Verfassungsgesetz oder gar der Verfassung nicht schon die Geltung, sondern behindern deren Wirksamkeit. Es gilt, die Verfassung der Deutschen und deren Verfassungsgesetz, das Grundgesetz, zu verteidigen, notfalls durch Widerstand der Bürger gegen die Politiker.

2. Im Modernen Staat, in der Republik als dem freiheitlichen Gemeinwesen, geht „alle Staatsgewalt vom Volk aus" (Art. 20 Abs. 2 S. 1 GG), nach innen und nach außen. Staatsgewalt ist die Hoheit des Volkes. Staatsgewalt ist der republikanische Begriff für den eher monarchischen Begriff der Souveränität. Sie besteht aus den Handlungsmöglichkeiten des Volkes insgesamt, welche gemäß der Verfassung, dem Verfassungsgesetz und den Gesetzen gehandhabt werden. Niemand kann die Staatsgewalt des Volkes rechtens schmälern; denn sie ist mit der allgemeinen Freiheit untrennbar verbunden. Sie dient einzig und allein der Verwirklichung des Rechts, weil dies gegen die Menschen, die das Recht nicht aus Moralität („pflichtmäßig, aus Pflicht, Kant, MdS, S. 521) achten, erzwungen werden muß. Der Staat ist die Organisation der Bürgerschaft, des Volkes, für die Verwirklichung des Rechts. In der echten Monarchie ist kraft des monarchischen Prinzips der Monarch der Souverän, in der Republik sind die Bürger die Souveräne. Die Republik ist die Staatsform der allgemeinen und gleichen Freiheit. Die Freiheit ist die Souveränität. Niemand gibt sie den Menschen und niemand kann sie ihnen nehmen. Die Menschen, die für ihr gemeines Wohl den Staat bilden, sind die Bürger, die ihre Souveränität mittels des Staates gemeinschaftlich ausüben.

Wenn die freiheitliche Bürgerlichkeit gelingen soll, müssen die Menschen ein wirkliches Volk sein, das durch seine Sprache, Geschichte, Schicksal seinen Zusammenhalt und damit Solidarität gewährleistet. Das Deutsche als die nationale Homogenität hat mit dem Begriff „Deutsches Volk", der in der Präambel des Grundgesetzes steht und in Art. 1 und Art. 20 GG, die beide die fundamentalen, durch Art. 79 Abs. 3 GG und auch Art. 23 Abs. 1 GG besonders gesicherten, Strukturprinzipien Deutschlands formulieren, zum Ausdruck kommt, unabänderlichen Verfassungsrang. Diese Prinzipien würden auch gelten, wenn sie nicht im Grundgesetz stünden; denn die Deutschen sind ein Volk, das eine Verfassung hat, die mit den Deutschen geboren ist. Darum kann niemand in der Welt den Deutschen die Hoheit oder eben die Souveränität über ihr Leben geben oder nehmen.

Eine Politik der Veränderung des deutschen Volkes, also eine Einwanderungspolitik, durch die das Deutsche Deutschlands überwunden wird, ist mit der Souveränität der Deutschen unvereinbar. Die hinreichende Homogenität der Bürgerschaft ist Voraussetzung einer Republik als freiheitlichen Gemeinwesen. Anders finden demokratische Strukturen keine Wirklichkeit. Am besten wäre eine aufklärerische Homogenität der Staatsangehörigen, so daß andere Merkmale, wie etwa die Religion, irrelevant werden. Aber davon entfernen sich die Völker Europas zusehends. Einwanderungspolitik würde zumindest eine Verfassungsentscheidung der Deutschen durch Volksabstimmung voraussetzen. Auch eine solche Entscheidung ließe Bedenken, weil es eine Mehrheitsentscheidung wäre, welche die Verfassung, die mit den Deutschen geboren ist, nämlich Deutsche in Deutschland zu sein und zu bleiben, aufheben würde.

Die vermeintliche Postmoderne, ein Bündnis der kapitalistischen Plutokraten mit den egalitaristischen Sozialisten, beide menschenverachtende Unterdrücker der Völker, will einen Weltstaat, the One World, durchsetzen und bekämpft mit allen Mitteln der Diffamierung die Nationalität, obwohl diese für eine freiheitliche Demokratie unverzichtbar ist. Als geeignete Ideologie haben sie den Islam erkannt. Darüber hilft keine Habermassche postdemokratische Zivilgesellschaft hinweg, die ebenso demokratiefern wie rechts- und sozialstaatsvergessen ist. Die Souveränität der Bürger und Völker muß mit aller Kraft zur Geltung gebracht werden, wenn die Völker

Europas wieder in Freiheit leben wollen. Es heißt wieder einmal, den aufrechten Gang zu üben. Ohne innere Souveränität jedes einzelnen Bürgers, ohne dessen Sittlichkeit also, ist die Republik ohne Chance. Die Bürgerlichkeit der Bürger ist das große Defizit des Deutschlands unserer Tage[30].

VI Souveränität trotz Besatzung

Nicht einmal Besatzungsmächte können einem Volk die Freiheit nehmen. Sie können es nur militärisch unterdrucken, nach einem Sieg zum Schutz ihrer Truppen nach dem Kriegsrecht mit gewissem Recht. Der Besatzungsstatus Deutschlands wurde in der Bundesrepublik 1955 durch den Deutschlandvertrag vom 26. Mai 1952 in der Fassung vom 23. Oktober 1954, in Kraft getreten am 5. Mai 1955, weitgehend, aber nicht gänzlich beendet. In Art. 1 Abs. 2 heißt es:

> *„Die Bundesrepublik wird demgemäß die volle Macht eines souveränen Staates über ihre inneren und äußeren Angelegenheiten haben". „In bezug auf Berlin und auf Deutschland als Ganzes einschließlich der Wiedervereinigung Deutschlands und einer friedensvertraglichen Regelung haben sich die Drei Mächte die bisher von ihnen ausgeübten oder innegehabten Rechte und Verantwortlichkeiten vorbehalten" (Art. 2) „Die von den Drei Mächten beibehaltenen Rechte und Verantwortlichkeiten in bezug auf die Stationierung von Streitkräften in Deutschland und der Schutz der Sicherheit dieser Streitkräfte bestimmen sich nach den Artikeln 4 und 5 dieses Vertrags".*

Das wurde „im Hinblick auf die internationale Lage, die bisher die Wiedervereinigung Deutschlands und den Abschluß eines Friedensvertrags verhindert hat", vereinbart. Die äußere und die innere Souveränität waren somit beschränkt. Ein Friedensvertrag ist bis heute nicht geschlossen. Deutschland ist ausweislich Art. 107 UNO-Charta nach wie vor Feindstaat (Souveränität, S. 452 ff.). Das ist völkerrechtswidrig, weil jedes Volk allein schon auf Grund seines Selbstbestimmungsrechts, das nichts anderes ist als die Freiheit seiner Bürger, Souveränität, nämlich uneingeschränkte Staatsgewalt nach innen und nach außen, freilich in den Grenzen des Rechts, und damit den Friedenszustand, also den Friedensvertrag, beanspruchen kann.

---

30   Dazu K. A. Schachtschneider, Die Bürgerlichkeit des Bürgers, S. 23 ff.; auch homepage www.KASchachtschneider.de, unter Downloads; ders., Bürgerlichkeit und deren Gefährdungen, S. 25 ff.

Ziel und Zweck der Vereinten Nationen ist nach Art. 1 Nr. 1 der UN-Charta der „Weltfrieden", aber der Frieden unter den Völkern ist auch Gebot der Menschheit des Menschen. Kein Volk muß es sich gefallen lassen, von anderen Völkern oder gar der Völkergemeinschaft als Feindstaat bezeichnet zu werde. So wird Deutschland auch nicht behandelt. Es ist Mitglied der Vereinten Nationen und war schon verschiedentlich nichtständiges Mitglied des Sicherheitsrates (Art. 23 UN-Charta).

Der Zwei-plus-Vier-Vertrag vom 12. September 1990, der „Vertrag über die abschließende Regelung in Bezug auf Deutschland" hat die „Rechte und Verantwortlichkeiten in bezug auf Berlin und Deutschland als Ganzes" der vier Siegermächte USA, Sowjetunion, Vereinigte Königreich und Frankreich beendet. Die entsprechenden, damit zusammenhängenden vierseitigen Vereinbarungen, Beschlüsse und Praktiken wurden beendet und alle entsprechenden Einrichtungen der Vier Mächte aufgelöst (Art. 7 Abs. 1). Das „vereinte Deutschland hat demgemäß volle Souveränität über seine inneren und äußeren Angelegenheiten", heißt es in Absatz 2 des Artikels 7, freilich nach Art. 1 in neuen territorialen Grenzen. Der Vertrag ist ausweislich der Präambel u. a. in dem „Bewußtsein" geschlossen, „daß ihre Völker seit 1945 miteinander in Frieden leben", „eingedenk der jüngsten historischen Veränderungen in Europa, die es ermöglichen, die Spaltung des Kontinents zu überwinden", „entschlossen in Übereinstimmung mit ihren Verpflichtungen aus der Charta der Vereinten Nationen freundschaftliche, auf der Achtung vor dem Grundsatz der Gleichberechtigung und Selbstbestimmung der Völker beruhende Beziehungen zwischen den Nationen zu entwickeln und andere geeignete Maßnahmen zur Festigung des Weltfriedens zu treffen", „in Anerkennung, daß diese Prinzipien feste Grundlagen für den Aufbau einer gerechten und dauerhaften Friedensordnung in Europa geschaffen haben", „in Würdigung dessen, daß das deutsche Volk in freier Ausübung des Selbstbestimmungsrechts seinen Willen bekundet hat, die staatliche Einheit Deutschlands herzustellen, um als gleichberechtigtes und souveränes Glied in einem vereinten Europa dem Frieden der Welt zu dienen, und „in der Überzeugung, daß die Vereinigung Deutschlands als Staat in endgültigen Grenzen ein bedeutsamer Beitrag zu Frieden und Stabilität in Europa ist".

Die Präambel beschreibt einen Friedenszustand zwischen dem vereinten Deutschland und den Vertragspartnern und vielfach wird der Zwei-plus-Vier-Vertrag angesichts des faktischen Friedens als Ersatz eines Friedensvertrages angesehen, jedenfalls zwischen den Vertragspartnern. Schließlich waren nicht alle Staaten, die im Zweiten Weltkrieg dem Deutschen Reich den Krieg erklärt haben, an dem Vertragsschluß beteiligt. Wie seit dem Zweiten Weltkrieg (und vielfach schon davor) Kriege nicht formell erklärt zu werden pflegen, um das Gewaltverbot nicht offen zu verletzen, sondern von bewaffneten Konflikten gesprochen wird, begnügt sich die Staatenpraxis mit der Faktizität friedlichen Miteinanders vormaliger Kriegsgegner und verzichtet auf formelle Friedensverträge, zumal deren Gestaltung, etwa die Regelung der Reparationen, sehr schwierig ist. Reparationsforderungen, etwa Griechenlands, gegen Deutschland wegen Schädigungen im Zweiten Weltkrieg sind verjährt. Sie bedürften im übrigen einer vertraglichen Regelung, der Deutschland zustimmen müßte[31]. Mit der Staatenpraxis wandelt sich das Völkerrecht. Aber die Feindstaatenklauseln der Art. 53 und 107 der UN-Charta schließen es aus, den Vertrag als Ersatz eines Friedensvertrages einzustufen. Die „souveräne Gleichheit" des Art. 2 Nr. 1 UN-Charta ist Deutschland nicht zugestanden. Nur wenn Deutschland so ist und handelt, wie es nach dem Grundgesetz und nach der Präambel des Zwei-plus-Vier-Vertrages sein will und sein soll, nämlich „von dem Willen beseelt, als gleichberechtigtes Glied in einem vereinten Europa dem Frieden der Welt zu dienen", genießt es die Anerkennung der vollen Souveränität. „Glied" klingt allzu deutlich nach eingeordnetem Gliedstaat. Sollte Deutschland einen anderen Weg einschlagen, etwa die NATO oder die Europäische Union verlassen, kann das von den Siegermächten, von jedem für sich oder von allen zusammen, als Wiederaufgreifen der Kriegshandlungen des Zweiten Weltkrieges (miß)verstanden werden und den Fall der Feindstaatenklauseln auslösen. In diesem Fall wird Deutschland nach der Charta der Vereinten Nationen als rechtlos behandelt. Jeder Waffeneinsatz gegen Deutschland ist dann gerechtfertigt und Deutschland hat keinen Schutz der internationalen Gerichtsbarkeit. Verteidigungsfähig ist Deutschland ohnehin nicht.

Die weitgehenden Einschränkungen der Bewaffnung Deutschlands und des Rechts Deutschlands zur Kriegsführung in den Artikeln 2 f. des Zwei-plus-Vier-Vertrages sind eine vertragliche Beschränkung der Handlungsmöglichkeiten Deutschlands, wie sie ähnlich viele Staaten auf sich genommen haben. Es ist fragwürdig, dies als Einschränkung der Souveränität

---

31 Näher K. A. Schachtschneider, Griechenlands Reparationsforderungen, Beitrag vom 20. Mai 2015 im Blog Pour Erika

anzusehen, weil das Recht zur individuellen und kollektiven Selbstverteidigung, das in der UN-Charta in Art. 51 als „naturgegebenes Recht" verankert ist und aus dem Rechtsprinzip und damit auch aus den allgemeinen Regeln des Völkerrechts folgt, unberührt bleibt. Allerdings ist Deutschland, wenn es lediglich im Rahmen des Vertrages gerüstet ist, nicht allein verteidigungsfähig und auf Bündnisse angewiesen. Aber die wenigsten Staaten sind, insbesondere gegen die USA, verteidigungsfähig. So darf Deutschland nach Art. 6 des Zwei-plus-Vier-Vertrages auch Bündnisse eingehen, gemeint ist vor allem die NATO. Immerhin dienen die Vereinten Nationen dem Weltfrieden, in der Praxis mehr schlecht als recht. Weiter als zur Verteidigung gehen die Rechte eines uneingeschränkt souveränen Staates ohnehin nicht. Der Angriffskrieg ist jedem Staat schon durch das heutige völkerrechtliche Gewaltverbot, das zu den allgemeinen Regeln des Völkerrechts im Sinne des Art. 25 GG gehört, untersagt (Art. 1 Nr. 1, Art. 2 Nr. 4 und Art. 39 ff. UN-Charta), Deutschland zusätzlich durch Art. 2 des Zwei-plus-Vier-Vertrages und Art. 26 Abs. 1 GG. Dennoch wird Gewalt von mächtigen Staaten, aber auch von weniger mächtigen Staaten und nichtstaatlichen Kampfverbänden, etwa in asymmetrischen Kriegen, praktiziert, freilich rechtswidrig.

Weiter gilt der Vertrag über den Aufenthalt ausländischer Streitkräfte in der Bundesrepublik Deutschland vom 23. Oktober 1954 zwischen der Bundesrepublik Deutschland und acht Vertragspartnern (Belgien, Dänemark, Frankreich, Kanada, Luxemburg, Niederlande, Vereinigte Königreich, USA), der eine vertragliche Grundlage für den Aufenthalt der Stationierungsstreitkräfte in Westdeutschland geschaffen hat. Dieser Aufenthaltsvertrag gilt auch nach Abschluß des Zwei-plus-Vier-Vertrages weiter und kann mit einer zweijährigen Frist beiderseitig gekündigt werden (Notenwechsel vom 25. September 1990). Er gilt auch weiterhin nicht in den neuen Ländern und Berlin.

Was soll schon „volle Souveränität" heißen? Immerhin ist, wie berichtet, in Art. 7 Abs. 2 des Zwei-plus-Vier-Vertrages von „voller Souveränität" des vereinten Deutschland die Rede. Souveränität ist, wie noch erörtert werden wird, begrenzt, nach innen durch die Verfassungsidentität, die nach Art. 79 Abs. 3 GG nicht zur Disposition des verfassungsgesetzändernden Gesetzgebers steht, aber um der Verfassung der Menschheit des Menschen willen auch nicht zur Disposition des Volkes, nach außen durch die allgemeinen Regeln des Völkerrechts, welche nach Art. 25 GG den Gesetzen vorgehen, insbesondere das Friedensprinzip. Die Materie der Souveränität hängt von dem jeweiligen Souveränitätsbegriff ab. Souveränität kann auch geteilt sein, insbesondere im Bundesstaat, in dem sowohl der Bund/Zentralstaat als auch die Länder/Gliedstaaten die Souveränität ihrer jeweiligen Bürgerschaften ausüben[32]. Alle sind existentielle Staaten mit eigenständiger Staatsgewalt. Die Länder können in existentieller Lage separieren, weil die Völker der Länder wie jedes Volk, das nicht identisch mit dem Staatsvolk sein muß, das Selbstbestimmungsrecht des Art. 1 Nr. 2 der UN-Charta in Anspruch nehmen kann.

VII Souveränität der Bürger

1. Jean Bodin hat den neuzeitlichen Souveränitätsbegriff von super, superus, superanus (oben, oben befindlich) abgeleitet und mit der summa oder suprema potestas, der höchsten Gewalt, verbunden. Dieser Begriff spricht zunächst die innere Souveränität im Staat an und paßt eigentlich nur zur absoluten Fürstenherrschaft. Allein schon wegen der Gewaltenteilung hätte Bodin in einem Rechtsstaat moderner Art niemanden als Souverän zu erkennen vermocht. Bei Thomas Hobbes ist der Leviathan dieser Souverän.

Volkssouveränität ist nach der Bodinschen Lehre ein Widerspruch in sich, weil das Volk nach dem Gesetz der Macht der Wenigen über die Vielen[33] nie oben, sondern immer unten ist und bestenfalls niemanden über sich hat. Ein Volk kann nicht herrschen, sondern nur frei sein. Meist wird es beherrscht, zurzeit von einer internationalen Finanz-, Medien und Parteienoligarchie. Die Freiheit des Volkes verwirklicht sich in der Rechtlichkeit der Lebensverhältnisse, welche nur in einer sittlichen Republik denkbar sind, deren Willensbildung demokratisch sein muß. Davon hat sich das parteienstaatliche Deutschland in der Europäischen Union weit entfernt. Wenn man den Begriff der Souveränität freiheitlich für Republiken nutzen will, muß man ihn mit der Freiheit des Menschen und Bürgers, der politischen Freiheit, parallelisieren. Die Freiheit aller Bürger, der Bürgerschaft oder des Volkes, ist deren Souveränität im freiheitlichen Gemeinwesen, der Republik, des Freistaates eben, die vom Staat als Staatsgewalt ausgeübt wird.

---

32 K. A. Schachtschneider, Souveränität, S. 402 ff.
33 Dazu demnächst H.-P. Raddatz, Mastermind – Macht, Masse und Magie der Moderne.

Die Staatssouveränität ist ein deutscher Begriff des Konstitutionalismus. Er soll der Fürstensouveränität, die der Logik des monarchischen Prinzips folgt, das Fürst Metternich in der Bundesakte des Deutschen Bundes (Art. 57 der Wiener Schlußakte des Deutschen Bundes vom 25. November 1819, in Kraft getreten am 8. Juni 1820), noch einmal durchgesetzt hatte und das sich in Deutschland bis 1918 behauptet hat, und der Volkssouveränität, die wegen der ebenso republikanischen wie demokratischen Bewegung seit der Französischen Revolution 1789 Berücksichtigung erheischte, genügen. Der Staat wurde subjektiviert und als herrschaftlicher Souverän dogmatisiert. Die Staatslehre folgt Hegel. Davon hat sich die Staatslehre trotz der Revolution 1918 nicht gelöst. Sie spricht durchgehend von Volkssouveränität, versteht diese aber als Staatssouveränität. Von politischer Freiheit der Bürger weiß sie nichts. Der Bürger wird, wenn überhaupt als Figur des Staates als Untertan, genannt Betroffener, verstanden.

2. Souveränität hat ein Subjekt, freiheitliche Souveränität den Bürger, jeden einzelnen und alle zusammen, auch für Jürgen Habermas: „Das substantialistische Verständnis von Volkssouveränität bezieht ‚Freiheit‘ wesentlich auf die äußere Unabhängigkeit der Existenz eines Volkes, das prozeduralistische Verständnis auf die allen gleichmäßig gewährleistete private und öffentliche Autonomie innerhalb einer Assoziation freier und gleicher Rechtsgenossen"[34]. Das unterscheidet sich nicht von der hier entwickelten Bürgersouveränität.

Peter Häberle lehrt eine „menschen- und bürgerorientierte Volkssouveränität": „Volk ist keine mystische Größe, sondern eine Zusammenfassung vieler Menschen mit je eigener Würde"[35]. Nicht anders konzipiert Erhard Denninger Souveränität: „Souveränität des Staates und die Freiheit des einzelnen Menschen sind nicht wesensverschieden; vielmehr entsprechen sie einander als die Fähigkeit zur Autonomie, zum Selbstwirksamsein der Person"[36].

---

34 J. Habermas, Die Einbeziehung des Anderen, S. 160 ff. (Staatsrechtliche Konstruktion der Volkssouveränität), Zitat S. 166 f., auch S. 175 ff. (Demokratie und staatliche Souveränität: der Fall humanitärer Interventionen), aber fragwürdig ders., Volkssouveränität als Verfahren, Faktizität und Geltung, S. 600 ff., 607, 627.

35 Die Menschwürde als Grundlage der staatlichen Gemeinschaft, HStR, Bd. I, § 20, Rdn. 65; i. d. S. auch W. Maihofer, Abschließende Äußerungen der Herausgeber, HVerfR, 2. Aufl. 1994, Rdn. 77 ff., S. 1722 f.

36 E. Denninger, Rechtsperson und Solidarität – Ein Beitrag zur Phänomenologie des Rechtsstaates unter besonderer Berücksichtigung der Sozialtheorie Max Schelers, 1967, S. 278.

Souveränität ist in der Republik die politische Freiheit der Bürger. Die Bürger sind souverän, jeder einzelne. Sie können aber ihre Souveränität nur als Staat organisiert ausüben. Wegen der Gleichheit in der Freiheit muß die staatliche Willensbildung uneingeschränkt demokratisch gestaltet sein. Die allgemeine Freiheit wird durch Rechtlichkeit verwirklicht. Recht ist nicht beliebig, sondern Wirklichkeit der allgemeinen Freiheit, die mit dem Menschen geboren ist. Jede Verletzung des Rechtsprinzips, zumal der demokratischen Prinzipien der Rechtsetzung, nicht schon jede Gesetzesverletzung, ist eine Verletzung der Souveränität der Bürger, nämlich der Autonomie des Willens derselben. Diesen Bürgerwillen sollen die Organe des Staates durch Erkenntnisse des Richtigen für das gute Leben aller Bürger auf der Grundlage der Wahrheit materialisieren und in Gesetzen beschließen.

Der Bürger übernimmt Verantwortung für sein Gemeinwesen, er sorgt sich um die Rechtlichkeit des gemeinsamen Lebens, er ist Politiker, nicht nur die Abgeordneten. Diese sind lediglich die „Vertreter des ganzen Volkes" (Art. 38 Abs. 1 S. 2 GG), also gewissermaßen dessen Diener, keinesfalls dessen Herren. Dazu haben sie sich aber aufgeschwungen und sind darin vom Bundesverfassungsgericht größtmöglich gestärkt worden. Damit hat die politische Klasse die Republik in einen Parteienstaat verwandelt[37] und die Bürgerschaft, den Souverän, weitgehend entmachtet. Freilich ist das kein Souveränitätswechsel, sondern rechtlose Usurpation von Macht. Ich rede von bürgerlichen Bürgern, nicht von Bürger genannten Untertanen.

Aufgabe der Abgeordneten und des Parlaments ist die Erkenntnis dessen, welche Politik richtig für das gute Leben des Volkes auf der Grundlage der Wahrheit ist, also zu erkennen, was in der jeweiligen Lage Recht ist (Rprp, S. 567 ff., 573 ff.; FridR, S. 423, 432 f.; PdR, S. 19 f., 55 ff.)[38], nicht aber das Volk zu beherrschen, ja zunehmend mit allen Mitteln moderner Herrschaft, zumal mittels der Medien und des Verfassungsschutzes, zu unterdrücken, vornehmlich um ein Ziel zu erreichen, die Auflösung Deutschlands als eines souveränen Staates freier Bürger und die Integration der Deutschen in entbürgerlichte Vereinigte Staaten von Europa, einen Großstaat, in dem die politische Klasse die Bevölkerung leicht beherrschen kann, weil diese, degradiert zu bloßen Arbeitern und Verbrauchern, das bürgerliche Ethos

---

37 Dazu K. A. Schachtschneider, Der republikwidrige Parteienstaat, Festschrift für Helmut Quaritsch, 2000, S. 151 ff.; ders., Res publica res populi, S. 1045 ff.

38 So auch K. Jaspers, Vom Ursprung und Ziel der Geschichte, 1949, S. 197 ff; J. Habermas, Erläuterungen zur Diskursethik, in: ders., Erläuterungen zur Diskursethik, 1991, S. 119 ff., insb. S. 142 ff.,

nicht mehr verwirklichen können, wenn nicht gänzlich, mehr noch als gegenwärtig in den Nationalstaaten, vergessen haben. Je größer der Staat ist,
desto schwächer sind Demokratie und Rechtsstaat. Das erweist das demo-
kratischste Land dieser Welt, wenn nicht das einzig wirklich demokratische
Land, die Schweiz mit den vielen Kantonen, denen die Souveränität nicht
abgesprochen werden kann[39].

3. Die Freiheit des Volkes ist ein Rechtsprinzip. Aber die Prinzipien
des Rechts müssen verwirklicht werden, damit die Menschen im Recht
leben. Rechtlichkeit ist die Wirklichkeit der Gesetze des Rechts, also
Gerechtigkeit. Im Innern muß die als Staat organisierte Bürgerschaft die
Rechte der Bürger und Menschen wahren, insbesondere das demokratische, das rechtstaatliche und das soziale Prinzip. Es bedarf der Macht,
um das Recht erzwingen zu können. Darum kann die Souveränität der
Macht nicht entsagen. Ohne Macht wird sie zu einem hohlen Begriff, verfällt zu einer Chimäre. Jedes Gesetz, jedes Recht, das nicht durchgesetzt
wird oder werden kann, verliert die Wirksamkeit als seine Substanz und
damit letztlich auch die Substanz seiner Normativität. Rechtsprinzipien
gelten, aber sie müssen auch wirken. Nicht schon die Verletzung kostet
die Geltung, aber doch die stetige Nichtbeachtung. Das Gesetz wird hin-
fällig, schließlich obsolet. Ohne Wirksamkeit vermögen die Gesetze die
Menschen nicht zur Freiheit zu verhelfen. Freiheit ist die Rechtlichkeit
als die Wirklichkeit des Rechts. Wenn die Machtlehre der Souveränität
das zum Ausdruck bringen will, hat sie Recht. Die Mißachtung des Rechts
ist Rechtsverletzung. Dagegen gibt es den Rechtschutz, ein wesentliches
Prinzip des Rechtsstaates (PdR, S. 118 ff.). Der bürgerlichen Souveränität
genügt allein Gerechtigkeit.

Souveränität ist somit ein Rechtsprinzip[40], mit allen Grenzen von Rechtsprinzipien. „Souveränität ist demnach nicht staatliche Allmacht. Sie ist
rechtliche Macht und daher durch das Recht gebunden."[41]. Helmut Quaritsch: „Souveränität bedeutet nicht nur tatsächliche, sondern zugleich
rechtliche Macht"[42]. Das entspricht dem heutigen Völkerrecht und erst recht
dem heutigen Staatsrecht. Wenn Art. 2 Nr. 1 UN-Charta von der „souverä-

---

39 Dazu W. Leisner, Das Volk, S. 153 f.
40 Klar G. Jellinek, Allgemeine Staatslehre, S. 476 und ff.
41 G. Jellinek, Allgemeine Staatslehre, S. 481 f..
42 Staat und Souveränität, Bd. 1, Die Grundlagen, 1970, S. 43.

nen Gleichheit" spricht, ist schon dadurch ein Rechtssatz geschaffen, zumal die Staaten keinesfalls gleich an Macht sind. Sie sind vielmehr grundsätzlich als Völkerrechtssubjekte gleichberechtigt, koordiniert[43]. Nur über ein Rechtsprinzip der Souveränität läßt sich politisch, also rechtlich handeln. Walter Leisner: „Wer also von Souveränität spricht, kann nur einen hohen, aber zugleich wirksamen imperativen Grundsatz meinen"[44].

Weil die Souveränität ein Rechtsprinzip des Staates im Innern und nach außen war und ist, unterlag sie immer rechtlichen Grenzen und unterliegt sie gegenwärtig rechtlichen Grenzen. Das ist keine Aporie des Verhältnisses von Freiheit und Bindung, wie Christoph Möllers meint[45], der seinen Freiheitsbegriff überdenken müßte. Das Recht wird stetig mißachtet, aber es hat sich trotz aller materiellen und prozeduralen Veränderungen, vor allem durch die Menschenrechte und die demokratische Willensbildung, als höchstes Prinzip der Menschheit im diesseitigen Leben nicht verändert. Nur Tyrannen haben die Macht über das Recht gestellt. Gewisse Souveränitätslehren haben die Grenzen der Souveränität möglichst zurückgedrängt oder, wie Carl Schmitt, verwirrt. Hegel hat sie in der Sittlichkeit des Staates und damit des Monarchen, in deren Christentum, institutionalisiert. Aber immer diente die Souveränität ihrer Idee und ihrem Prinzip nach der Verwirklichung des Rechts. Daß Herrschaftslehren das Recht nach der Zeitenwende der Aufklärung, die ihre Emanationen in der Französischen Revolution und den nachfolgenden Revolutionen, in Deutschland durchgreifend erst 1918, gefunden haben, nicht mehr zu begründen vermögen, ändert nichts an dem Prinzip Recht. Seit Menschen das Recht nicht mehr von Gott, d. h., kritisch gesprochen, von seinen Priestern, entgegennehmen, jedenfalls in der westlichen Welt, kann es nur von den Menschen in gleicher Freiheit gegeben werden. Nicht alle haben das begriffen, schon gar nicht alle Rechtslehrer. Eine freiheitliche Rechtslehre, die auch eine freiheitliche Souveränitätslehre sein muß, ist der Beruf unserer Zeit, lange überfällig.

Die Erfahrung des Mißbrauchs der summa potestas, also der Möglichkeiten der Gewaltausübung und damit der Macht, durch die Fürsten als der

---

43 P. Häberle, Zur gegenwärtigen Diskussion um die Probleme der Souveränität, AöR 92 (1967), S. 261; dagegen insbesondere Hegel, Rechtsphilosophie, §§ 330 ff., S. 311 ff.; dazu A. Emmerich-Fritsche, Vom Völkerrecht zum Weltrecht, 2007, S. 158 ff.

44 Das Volk, S. 25, auch S. 28 f., der freilich die Volkssouveränität „unter Gesetzesvorbehalt" wähnt, zumal durch das Staatsangehörigkeitsrecht, welches „die Zusammensetzung des Volkssouveräns zur Sache des einfachen Gesetzgebers" mache, S. 29 ff., 30.

45 Ch. Möllers, Souveränität, Evangelisches Staatslexikon, 2006, Sp. 2175.

Souveräne hat zur Entwicklung eines Systems der Gewaltentrennung und Gewaltenhemmung und damit zum Verfassungsstaat geführt. Die Aufklärer haben übereinstimmend die Gewaltenteilung zum Kriterium zwischen dem Rechtsstaat und der Despotie erklärt (MdS, S. 431 ff.; ZeF, S. 206 f.; Rprp, S. 168 ff., PdR, S. 167 ff.)[46]. Art. 16 Déclaration des Droits de l'Homme et du Citoyen vom 26. August 1789, der Erklärung der Rechte des Menschen und des Bürgers Frankreichs formuliert: „Toute société dans laquelle la garantie des droits n'est pas assurée, ni la séparation des pouvoirs déterminée, n'a point de Constitution.", übersetzt: Ein jedes Gemeinwesen, im dem die Garantie der Rechte nicht gesichert und die Teilung der Gewalten nicht festgelegt ist, hat keine Verfassung. Die Gewaltenteilung, die Bodin genauso wie Hobbes für unvereinbar mit der Souveränität gehalten haben, modifiziert im Interesse des Schutzes der Bürger vor der Despotie einzelner Machthaber die Machtausübung im Staat, hebt aber die Souveränität nicht auf.

4. Das Verfahren der allgemeinen Freiheit der Bürger, der Freiheit des Volkes, ist das der Demokratie. Nur die Menschen haben einen Willen. Vom Willen gehen die Gesetze aus, der Bürger hat sie zu erkennen und unmittelbar oder mittelbar zu beschließen. In dem Sinne gibt er die Gesetze. Wenn es denn ein freiheitlicher Wille ist, ist er die praktische Vernunft, deren Erkenntnis bestmöglich gestaltet sein muß. Alle Bürger sind daran im öffentlichen Diskurs beteiligt (Rprp, S. 560 ff., 584 ff.), jedenfalls sollen sie sich daran beteiligen und beteiligen können. Sie werden durch die politische Klasse, vornehmlich durch die Medien entgegen deren republikanischer Aufgabe[47], erheblich darin behindert, vor allem durch Desinformation. Die Vertreter des Volkes in den verschiedenen Ämtern und Organen des Staates haben die Aufgabe, namens des Volkes zu erkennen, welches der Wille des Volkes ist, nämlich das Recht als das, was für das Gemeinwesen gut ist. Verbindlichkeit des als richtig Erkannten begründet allein der Wille des Volkes als der Vielheit der Bürger; denn nur unter dem eigenen Gesetz ist der Mensch frei, das Gesetz, das als Gesetz allgemeiner Wille, volonté générale, sein muß. „Die gesetzgebende Gewalt kann nur dem vereinigten Willen des Volkes" zukommen (MdS, S. 432, 449, 462). Weder der Staat noch die Staatsorgane, etwa der Deutsche Bundestag, haben einen Willen. Die Amtswalter, zumal

---

46 Locke, Über die Regierung, 1690, XII ff.; Montesquieu, Vom Geist der Gesetze, 1748, XI. Buch, 6. Kapitel.

47 Dazu Th. Koch, Die Zeitung in der Republik, 2006; E. Herman, Das Medienkartell, 2012.

die Abgeordneten, haben als Menschen und Bürger fraglos einen Willen, aber sie haben nicht ihren Willen zur Geltung zu bringen, sie sind nicht die Herren des Volkes, sondern als Vertreter des Volkes eine je nach Zuständigkeit definierte Erkenntnisaufgabe (Rprp, S. 584 ff.; PdR, S. 32; FridR, S. 154, 164 f.)[48]. Für die Richter ist das leicht einsichtig. Der Richter hat im Richterspruch nicht seinen Willen, sein Gesetz, zur Geltung zu bringen, sondern das Gesetz des Volkes anzuwenden, zu erkennen, welche Entscheidung dem Gesetz entspricht. Nichts anderes ist für den Gesetzgeber richtig. Er hat zu erkennen, welches Gesetz in der jeweiligen Lage das Richtige für das gute Leben aller Menschen im Lande ist, freilich im Rahmen der Verfassung und des Verfassungsgesetzes. Das setzt auch die Erkenntnis der Wirklichkeit voraus. Das Recht ist objektiv, nicht willkürlich und schon gar nicht dezisionistisch. Die praktische Vernunft bestimmt die Materie der Gesetze. Wer die Kognitivität der Rechtssetzung nicht erfaßt oder angesichts der herrschaftlichen und damit willkürhaften Wirklichkeit des Parteienstaates nicht zugestehen will, muß freiheitswidrige Fiktionen einsetzen, um irgendeine Art Volkssouveränität zu dogmatisieren.

Alle Gesetze materialisieren das Recht oder eben die Rechtsordnung. In einer Republik werden sie nicht gesetzt, sondern erkannt und beschlossen. Der normative Spielraum hebt die Objektivität der Normen nicht auf. Jeder Richterspruch ist ein Erkenntnis des Rechts und versteht sich so. Die Rechtsetzung unterscheidet sich insofern nicht von der Rechtsprechung. Nur ist die Gesetzgebung allgemein und nicht auf den Einzelfall begrenzt, wenn auch nur im Regelfall. Auch Rechtsprechung ist wegen ihrer allgemeinen Wirkung funktionale Rechtsetzung (Rprp, S. 819 ff.), die Verfassungsrechtsprechung sogar weitgehend institutionell; denn ihre Entscheidungen (alle entscheidenden Begründungssätze[49]) binden alle Verfassungsorgane, Gerichte und Behörden (§ 31 Abs. 1 BVerfGG).

Die Gesetzgebung muß wie die Rechtsprechung und Verwaltung, ja wie alles sittliche Handeln, auf der Wahrheit gründen, d. h. sie muß die Wirklichkeit zu Grunde legen. Sonst kann sie diese nicht sachgerecht ordnen. Die Leugnung der Wirklichkeit führt zu fehlerhaften Gesetzen. Ein

---

48 J. Habermas, Faktizität und Geltung, S. 109 ff., 329 ff., 516 ff.; ders., Die Einbeziehung des Anderen, S. 277 ff., 293 ff.; demgegenüber dezisionistisch, von Entscheidungen abhängig, C. Schmitt, Politische Theologie, S. 16, 37 f.
49 BVerfGE 1, 14 (37); 3, 261 (264 f.); 20, 56 (87); 24, 289 (297); 36, 1 (3); 40, 83 (93); 79, 256 (264); st. Rspr.; K. A. Schachtschneider, Res publica res populi, S. 953 f.

Exempel ist die Währungsunion, welche die ökonomischen Gesetze, die die Wirklichkeit beschreiben, um politischer, zudem verfassungswidriger, Ziele willen, zu ignorieren versucht. Ohne Erfolg. Auf der Erkenntnis der Wirklichkeit, des Seins, wird der Sollenssatz aufgebaut, die allgemeinverbindliche Handlungsmaxime. Die Sollenssätze, zumal die Gesetze, sind aber nicht nur durch die Wirklichkeit determiniert, sondern durch vielfältige rechtliche, also normative Vorgaben, vorrangig die Verfassung, somit alle Rechtsprinzipien, die mit dem Menschen geboren sind, nämlich die Freiheit und alle aus dieser folgenden Rechtssätze, die Gleichheit in der Freiheit, die Brüderlichkeit (Sozialprinzip), die Menschen- und Grundrechte, die Staatsform der Republik, die demokratisch und rechtsstaatlich sein muß, das föderale Prinzip der kleinen Einheit, aber auch die zwingenden Rechtssätze des Völkerrechts, weiterhin die Verfassungsgesetze, also die näheren vorrangigen Normen, welche nicht im Widerspruch zur Verfassung stehen dürfen, die internationalen Vereinbarungen, also völkerrechtliche Verträge, somit das gesamte Rechtssystem, das nicht widersprüchlich sein darf, zusammengefaßt: die Sittlichkeit auf der Grundlage der Wahrheit, die praktische Vernunft. Das engt die Rechtsetzung stark ein und erfordert die rechtswissenschaftliche Erkenntnis möglicher Gesetze. Hinzu kommen die Erkenntnisse der vielen Wissenschaften, zumal die der Ökonomik, die beachtet werden müssen, damit die Gesetze die bezweckte Wirkung nicht verfehlen, also wiederum die Beachtung der wissenschaftlich erfaßten Wirklichkeit. Gesetzgebung ist somit um der Sachlichkeit willen eine wissenschaftliche Aufgabe und somit kognitivistisch, eine Erkenntnisaufgabe. Wie die Vernunft ist das Recht objektiv. Subjektiv sind die Neigungen, die auch Werten verpflichtet sein können, aber nicht das Recht und nicht dessen Erkenntnis bestimmen dürfen. Sie tun es fraglos, aber das ist menschliche Schwäche.

Wären Normen, also Gesetze, nicht derart gebunden, daß ihre Richtigkeit der Erkenntnis fähig ist, könnte es keine Gerichtsbarkeit über diese geben. Gesetzgebung ist nicht Sache der Mehrheit des Volkes oder gar der Mehrheit der Parlamentarier, zunehmend durch die Regierung mittels deren parteilichen Macht gegängelt. Dadurch wird die Demokratie nicht nur Oligarchie, sondern Ochlokratie, Pöbelherrschaft. Die Vertretung des ganzen Volkes ist Amt des gesamten Parlaments. Sie läßt sich nur diskursiv verwirklichen, als größtmögliche Mühe aller Abgeordneten um die bestmögliche Erkenntnis des Wahren und Richtigen, des Seins und des Sollens. Gesetzgebung ist Sache von scientia und prudentia

Die Gesetzgebung läßt keine Spielräume der Willkür. Ganz im Gegenteil: Das Willkürverbot ist Grundprinzip des bürgerlichen Gemeinwesens, der Republik (PdR, S. 329 ff.). Es folgt aus der allgemeinen äußeren Freiheit, nämlich der „Unabhängigkeit von eines anderen nötigender Willkür" (MdS, S. 345). Willkür ist grobes Unrecht[50], also eklatante Mißachtung der praktischen Vernunft, des rechten Maßes, das schon Aristoteles gelehrt hat[51]. „Alle subjektive Willkür ist eine Sünde wider den heiligen Geist des Rechts", hat Heinrich Triepel, einer der wenigen Rechtslehrer mit praktischer Vernunft in der Weimarer Zeit, deklariert[52]. Die meisten waren trotz bemerkenswerter Einsichten Ideologen, allen voran Carl Schmitt. Nichts anderes besagt das verfassungsrangige Verhältnismäßigkeitsprinzip (PdR, S. 337 ff.; FridR, S. 436 ff.)[53].

5. Die Souveränität als die Freiheit und damit die Würde des Menschen ist nicht einschränkbar. Sie hat Grenzen des Rechts, nämlich die Freiheit der anderen. Diese Grenzen werden durch Gesetze materialisiert. Aber die Souveränität kann verletzt werden, so daß sie faktisch nicht verwirklicht wird oder werden kann. Die Souveränität ist ein Recht. Jedes Recht kann verletzt werden, ohne dadurch verloren zu gehen. Rechte bedürfen für ihre Verwirklichung der hinreichenden Macht. Manche Staaten sind mächtiger als andere. Das nimmt den Schwächeren nicht die Souveränität, aber gefährdet diese faktisch. Die Souveränität der Bürger ist nicht nur von Außen gefährdet, sondern vor allem von Innen, durch den Staat selbst, genauer die Amtswalter des Staates. Der Machtmißbrauch ist das ewige Problem des Rechtsstaates.

6. Was nicht Wille des Souveräns ist, verletzt dessen Souveränität. Was somit nicht Wille des Volkes ist, verletzt das Volk in dessen Souveränität, in dessen Freiheit. Der Wille des Volkes wird im demokratischen Verfahren ermittelt, erkannt und beschlossen. Das heißt: Jede Politik, die dem demokratischen Prinzip der politischen Willensbildung nicht genügt, verletzt die Souveränität des Volkes. Sie ist nicht der Wille des Volkes, das allein die

---

50 P. Kirchhof, Der allgemeine Gleichheitssatz, HStR, Bd. V, Allgemeine Grundrechtslehren, 1992, § 124, Rdn. 92.

51 Aristoteles, Nikomachische Ethik, 2. Buch, 1106 a 11.

52 H. Triepel, Goldbilanzverordnung und Vorzugsaktien, 1924, S. 30.

53 P. Kirchhof, Der allgemeine Gleichheitssatz, HStR, Bd. V, § 124, Rdn. 161 ff.

Staatsgewalt innehat, also souverän ist. Das ist denn auch die Substanz des Begriffs Demokratie. Die Souveränität des Volkes als dessen Freiheit verlangt strikte Einhaltung des demokratischen Prinzips. Die Souveränität des Volkes ist nicht auf die Verfassungsgebung, den pouvoir constituant, beschränkt. So könnte der Satz des Bundesverfassungsgerichts im Lissabon-Urteil BVerfGE 123, 267, Rd. 340 mißverstanden werden: „Es (sc. das Grundgesetz) verzichtet aber nicht auf die in dem letzten Wort der deutschen Verfassung liegende Souveränität als Recht eines Volkes, über die grundlegenden Fragen der eigenen Identität konstitutiv zu entscheiden". Das ist ein wesentlicher Gehalt der Souveränität, aber die Souveränität des Volkes muß stetig verwirklicht werden. Das gebietet durchgehend die strikte demokratische Legalität allen staatlichen Handelns. Nur dadurch wird die Staatsgewalt vom Volke ausgeübt, wie das Art. 20 Abs. 2 S. 2 GG vorschreibt. Nur dadurch ist das Volk souverän. La souveraineté est la puissance absolute et perpétuelle d´une République" (Bodin, République, I, 8, p. 111), also stetig, nicht lediglich bei der Verfassungsgebung des pouvoir constituant. Der Monarch handelte souverän in seiner Willkür als seinem Willen. Das Volk handelt souverän entweder durch Abstimmungen oder durch Beschlüsse seiner Vertreter in den Staatsorganen. Diese bringen den allgemeinen Willen des Volkes zur Geltung, wenn sie denn Erkenntnisse des Rechtes verbindlich machen. Außer dem demokratischen Verfahren der staatlichen Willensbildung müssen die Verfassung und das Verfassungsgesetz, ja alle Gesetze, eingehalten werden; denn in diesen hat das Volk seinen Willen als Souverän geäußert.

7. Der Schutz vor Verletzung der Souveränität im Innern und von Außen ist besonders schwierig. Er bedarf der Macht der Bürger und der Macht des Staates. Um beide ist es meist schlecht bestellt. Den Bürgern wird der Rechtsschutz ihrer Bürgerrechte wenn nicht verweigert, so doch schwergemacht[54]. Ihre Vertreter in den staatlichen Ämtern, deren vornehmste Aufgabe die Verwirklichung der bürgerlichen Freiheit ist, sind deren größte Bedrohung. Das ist das ewige Problem der Macht, ihr Mißbrauch. Der Parteienstaat schirmt die Bürger weitgehend und zunehmend von der Politik ab und nimmt ihnen damit weitgehend die politische Freiheit. Nicht die Bürger haben im Parteienstaat die souveräne Macht, nicht das Volk, sondern die Parteienoligarchie im Verbund mit der Medien- und der Finanz- und Industrieoligarchie.

---

54 Dazu K. A. Schachtschneider, Die Rechtswidrigkeit der Euro-Rettungspolitik, S. 182 ff.

Den Anspruch des Bürgers auf demokratiegemäße Befugnisse des Parlaments, der Sache nach auf ein Stück Souveränität des Volkes, vertreten durch das Parlament, habe ich beim Bundesverfassungsgericht durchsetzen können (BVerfGE 89, 155 (171 ff., 182, 188); 123, 267, Rn. 172 ff., 207 ff., 241 f.; 129, 124, Rn. 98 ff.)[55]. Aber wesentliche Schritte zum Rechtsstaat, der zur Demokratie gehört (Rprp, S. 14 ff., 654 ff., 685 ff., 735 ff.; PdR, S. 94 ff.)[56], sind noch zu gehen, werden aber beharrlich verweigert, nämlich das Recht des Bürgers, daß das Parlament sich, wenn es seine Befugnisse wahrnimmt, im Rahmen des Verfassungsgesetzes bewegt, wenigstens im Rahmen der Verfassung, die mit dem Menschen geboren ist, also der Verfassungsidentität, die durch Art. 79 Abs. 3 GG vor Änderungen durch den Gesetzgeber auch mit verfassungsändernder Mehrheit geschützt ist. Entgegen der Verfassung hat das Parlament schlechterdings keine Vertretungsmacht. Aber das Bundesverfassungsgericht lehnt diese Rechtmäßigkeitskontrolle stur ab, ohne jede Begründung (BVerfGE 129, 124, Rn. 99). Es versagt in der Krise des Rechtsstaates. Das hat verheerende Folgen für die Freiheit der Bürger und damit für die Souveränität Deutschlands, nämlich die Einführung des Euro und die ruinösen Versuche, ihn zu retten[57]. Weil die politische Freiheit des Bürgers geleugnet wird, wird weiterhin sein Recht auf Recht aus dem Freiheitsprinzip des Art. 2 Abs. 1 GG, das insoweit durch das Menschenwürdeprinzip des Art. 1 Abs. 1 S. 1 GG fundiert ist, zurückgewiesen, das ebenfalls eine verfassungsgerichtliche Prüfung der Politik an den Grundprinzipien des Grundgesetzes, also an der mit den Menschen geborenen Verfassung, einzufordern berechtigt. Diese an sich selbstverständlichen Rechte des Bürgers in einem Bürgerstaat, einer Republik, würden die Freiheit der Bürger als deren Souveränität zu verteidigen und deren Schädigungen durch die europäische Integrationspolitik abzuwehren erlauben; denn diese ist weitestgehend nicht nur vertrags-, sondern auch verfassungswidrig.

---

55 Vgl. schon K. A. Schachtschneider, Anspruch auf Demokratie. Überlegungen zum Demokratierechtsschutz des Bürgers, JR 1970, 401 ff.

56 Zur Einheit von Demokratie und Rechtsstaat J. Habermas, Faktizität und Geltung. Beiträge zur Diskurstheorie des Rechts und des demokratischen Rechtsstaats, 1992, S. 151 ff.; 154; ders., Die Einbeziehung des Anderen. Studien zur politischen Theorie, 1996, S. 251 („Normativ gesehen gibt es keinen Rechtsstaat ohne Demokratie"), S. 277 ff., 293 ff.; anders C. Schmitt, Verfassungslehre, S. 214 ff., 238 ff. (243, 247), 258 ff.

57 Dazu K. A. Schachtschneider, Die Rechtswidrigkeit der Euro-Rettungspolitik, 2011, S. 86 ff., 182 ff., 237 ff.

Sie unterläuft, wie ich in den Schriften Die Souveränität Deutschlands, 2012, und Souveränität, 2015, näher dargelegt habe, die Souveränität als die existentielle Staatlichkeit des freiheitlichen Gemeinwesens. Der Bürger bleibt ohne diese Rechte Untertan, dem gewisse klägliche Grundrechte zur Abwehr von Eingriffen des Staates, des vermeintlichen Souveräns und Herrschers, besondere Freiheitsrechte, etwa die Religionsgrundrechte, die Meinungsäußerungsrechte, die Berufsrechte und ein enger Eigentumsschutz, alle mehr und mehr Einschränkungen im Herrschaftsinteresse des Staates unterworfen, zugestanden werden, nicht aber die genannten politischen Rechte, die ihn erst zum Bürger machen.

VIII Parteienstaat versus Bürgersouveränität

Das parteiliche Führungs- und Gefolgschaftsprinzip (Rprp, S. 1069 ff.) führt dazu, daß nur noch die Vorsitzenden und allenfalls der Vorstand einer Partei Macht haben. Das bringt eine außerordentliche Macht des Vorsitzenden der Partei mit sich, die den Kanzler stellt, weil das Grundgesetz durch das konstruktive Mißtrauensvotum auf der Grundlage des gesetzlich geschaffenen und verfassungsrechtlich mehr als bedenklichen Verhältniswahlsystems mit Sperrklausel und der daraus folgenden parteienstaatlichen Fraktionierung des Parlaments den Kanzler übermäßig in seinem Amt stützt. In der Kanzlerdemokratie hat der Kanzler nicht die ganze Macht, aber eine große Macht. Man ist versucht zu sagen, der Kanzler ist souverän, nicht das Volk, faktisch, nicht rechtlich.

Das gilt im besonderen Maße in der Außenpolitik, also für die äußere Souveränität. Die Absprachen der Staats- und Regierungschefs haben eine hohe politische Verbindlichkeit, der sich weder das Parlament noch das Bundesverfassungsgericht zu entziehen vermögen, wie vor allem die jüngere Praxis der Integrationspolitik, sowohl die europa- wie der einwanderungspolitische, zeigt. Wieder behauptet sich das hegelsche Prinzip, daß die Souveränität in einer Person vereinigt sein müsse[58]. Es ist aber das Ergebnis republikwidriger Strukturen des Parteienstaates und des Internationalismus. Der oligarchische Parteienstaat ist die ärgste Verletzung der Souveränität der Bürger. Die Freiheit wird nicht gelebt. Es ist das Amt der Bürger, sie zu

---

58 Hegel, Rechtsphilosophie, § 275, S. 268 f., § 279, S. 279 ff.

verteidigen. Die Arten, die Souveränität oder eben die Freiheit des Volkes zu verletzen, sind vielfältig. Es sind die Verletzungen im Innern des Staates und die Verletzungen von Außen. Vor allem sind es verdeckte, schleichende Mißachtungen der Souveränität, etwa die Eingriffe der Nachrichtendienste. Mag die Souveränität Deutschlands nach außen noch weitgehend bestehen, das Deutsche Volk als der eigentliche Souverän ist entmachtet und somit faktisch nicht mehr souverän[59]. Sonst gäbe es keinen Euro und wäre Deutschland nicht faktisch zum Einwanderungsland gemacht worden. Vor allem die übermäßige Übertragung der Hoheitsrechte des Deutschen Volkes auf die Europäische Union zur gemeinsamen Ausübung höhlt mit der Demokratie die Freiheit der Deutschen in einer Weise aus, welche die menschheitliche Verfassung verletzt.

Das Dilemma der Republik, die demokratisch sein muß, ist die Oligarchisierung vor allem der politischen Parteien. Der Parteienstaat ist die Verfallserscheinung der Republik, deren typische Gefahr. Institutionell hat das Parlament die größte Macht, aber es ist gegenwärtig durch die Parteiführungen entmachtet. Wer im Parlament an der Willensbildung mitwirken will, muß schon wegen der verfassungsrechtlich bedenklichen Privilegierungen der Parteien im Wahlrecht und durch die Parteienfinanzierung den fragwürdigen Schritt der Parteigründung machen. Aber eine solche Partei muß sich entparteilichen, die freie Rede fördern, innerparteiliche Demokratie verwirklichen. Sonst kann ich sie nicht empfehlen. Die Medien müßten eine freiheitliche Parteienkultur unterstützen, aber sie sind Teil der Oligarchie. Hätten wir hinreichend der politischen Freiheit verpflichtete Medien, gäbe es im Parteienstaat eine beachtliche Gegenmacht, die mittels eines republikanischen Diskurses zur richtigen Politik beitragen könnte.

IX   Grenzen der Souveränität

Freiheitliche Souveränität hat Grenzen. Grenzen sind nicht Einschränkungen oder Beeinträchtigungen. Grenzen ergeben sich aus dem Begriff eines Rechts. Die Grenzen der Souveränität sind die Grenzen der Freiheit, nämlich äußere Rechtlichkeit nach den allgemeinen Gesetzen des Volkes als der

---

59   Ganz so W. Mäder, Vom Wesen der Souveränität. Ein deutsches und europäisches Problem, 2007, S. 143 ff.

Bürgerschaft und die innere Sittlichkeit jedes Bürgers, kurz die Bürgerlichkeit der Bürgerschaft.

1. Die innere Souveränität des Staates hat ihre sittliche Grenze in der Verfassung der Menschheit des Menschen und damit im Recht, das mit den Menschen geboren ist, welches durch das Verfassungsgesetz und die Gesetze näher materialisiert wird. Jede Verletzung der Verfassung oder des Verfassungsgesetzes in der Substanz, in der Verfassungsidentität, wie das Bundesverfassungsgericht zu formulieren pflegt, zumal im demokratischen Prinzip, im Rechtsstaatsprinzip und im Sozialprinzips ist eine Verletzung der inneren Souveränität. Auch die systemische Verletzung des einfachen Rechts, wie die Mißachtung des Asyl- und des Aufenthaltsgesetzes, ist Souveränitätsverletzung, nicht jedoch die alltägliche Mißachtung der Gesetze durch den Staat und die Bürger.

Die Grenzen der inneren Souveränität des Staates werden ständig mißachtet, indem der Kern der Verfassung, deren Strukturprinzipien und die Menschenrechte verletzt werden. Gegenwärtig geschieht das insbesondere durch die Euro-Rettungspolitik, einem Staatsstreich, und durch die Einwanderungspolitik, die keinerlei gesetzliche Grundlage hat, etwa die massenhafte Duldung illegalen Aufenthaltes von Ausländern. Ohnehin kann man sich nicht des Eindrucks erwehren, daß die deutsche Politik weniger das Wohl Deutschlands verfolgt als fremden Interessen dient. Freilich werden diese als deutsches Interesse, gar als Staatsräson Deutschlands ausgegeben, insbesondere die überzogene Integration Deutschlands in die Europäische Union. Aber das „vereinte Europa" im Sinne der Präambel und des Art. 23 Abs. 1 S. 1 des Grundgesetzes ist nicht der zentralistische Großstaat, sondern ein Europa des äußeren und inneren Friedens, das nur ein Europa der Völker, ein europäisches Europa sein kann, im übrigen ganz Europa, zu dem auch Rußland, nicht aber die Türkei gehören. Das vereinte Europa sind nicht die zu einem Bundesstaat entwickelten Vereinigten Staaten von Europa, die mit dem Euro und jetzt mit dessen Scheitern erzwungen werden sollen.

Die Staatsgewalt oder die Souveränität über die Grenzen ihres Begriffs hinaus einzuschränken ist Verrat an der Freiheit, Verrat am Recht, Verrat am Volk.

2. Die äußeren Grenzen der Souveränität sind die Rechte anderer Staaten, wie die Freiheit des Menschen durch die gleiche Freiheit der anderen Menschen bereits begrifflich eingeschränkt ist. Insbesondere ist es das Recht aller Staaten auf Frieden, die Souveränität der anderen Staatsvölker und das Selbstbestimmungsrecht der Völker (Art. 1 Nr. 1 und 2 der UNO-Charta). Die äußere Souveränität ist somit die Unabhängigkeit von fremden Staaten, von Staatenverbünden oder auch nur von Machthabern, abgesehen von der unmittelbaren Völkerrechtssubjektivität, aus der nicht nur Rechte, sondern auch Pflichten erwachsen, nämlich die Pflicht, das Völkerrecht, aber prinzipiell auch die völkerrechtlichen Verträge zu wahren. Das sieht das Bundesverfassungsgericht nicht anders. Im Lissabon-Urteil postuliert es zu Randnummer 231 unter Berufung auf Carlo Schmid[60]: „Dagegen beansprucht die völker- und staatsrechtliche Souveränität gerade für ihre konstitutionellen Grundlagen die Unabhängigkeit von fremdem Willen".

Nach außen gegenüber den anderen Völkern muß der Staat das Völkerrecht, das durch die Gleichheit der Staaten und deren Unabhängigkeit bestimmt ist, einhalten. Jede Verletzung des Völkerrechts in dessen allgemeinen Regeln, zumal die gewaltsame Intervention, zu der die Nötigung zu bestimmter Gesetzgebung gehört, ist eine Verletzung der äußeren Souveränität. Kein Volk kann seine existentielle Staatlichkeit, die substantielle Staatsgewalt, aus der Hand geben, ohne die Souveränität der Bürger als deren Freiheit zu verletzen.

Die äußere Souveränität wird verletzt, wenn ein Staat und damit ein Volk unter die Botmäßigkeit fremder Völker oder Staaten gerät, welche die politische Willensbildung an sich ziehen, sei es auch auf Grund eines Vertrages. Dafür genügt die gemeinschaftliche Ausübung der Staatsgewalten der verbunden Völker noch nicht, wenn sie die existentielle Staatlichkeit der Völker unberührt läßt. Auch wenn die Staatsgewalt eines Staates/Volkes nur faktisch ganz oder zum Teil usurpiert wird, sei es mittels militärischer Gewalt, sei es mittels wirtschaftlichen Zwanges, sei es mittels nicht transparenten Einflusses auf die Staatsorgane, insbesondere auf die Regierung, ist das Verletzung der äußeren Souveränität. Das ist ein systemisch eingesetztes Mittel der USA, aber auch anderer Staaten. Ein Beispiel

---

60 Generalbericht in der Zweiten Sitzung des Plenums des Parlamentarischen Rates am 8. September 1948, in: Deutscher Bundestag/Bundesarchiv, Der Parlamentarische Rat 1948-1949, Akten und Protokolle, Bd. 9, 1996, S. 20 ff.

für die völkerrechtswidrige Souveränitätsverletzung sind die Auflagen, die Griechenland erfüllen soll, um von Mitgliedstaaten der Euro-Zone, von der Europäischen Union und vom IWF kreditiert zu werden, wie allgemein die Konditionalität der Kredite des Internationalen Währungsfonds[61].

Die Integration von Staaten in die Gemeinschaft der Staaten läßt unbegrenzte Handlungsbefugnisse nicht zu. Folglich gibt die Souveränität nicht jedwedes Recht, die Interessen eines Staates ohne Rücksicht auf andere Staaten und das gemeinsame Leben der Völker in der Welt zu verfolgen. Mit den anderen Völkern im Frieden zu leben und den Frieden durch Verträge, notfalls durch Bündnisse, zu sichern ist Rechtspflicht. Immanuel Kant hat das in seiner wegweisenden Schrift ‚Zum ewigen Frieden' ausgearbeitet und den „Föderalismus freier Staaten" postuliert (Zum ewigen Frieden, S. 208 ff.), wie ich formuliere, die Republik der Republiken. Wenn auch zur Souveränität bis zur Charta der Vereinten Nationen von 1945 (Art. 2 Nr. 4), die nur noch die Verteidigung (auch im Bündnis, also individuell und kollektiv) erlaubt (Art. 51), das vermeintliche ius ad bellum, das Recht zum Kriege, aber doch nur zum bellum iustum, zum gerechten Krieg, vor allem zum Verteidigungskrieg, nicht jedoch zum Eroberungskrieg, gehörte, den im übrigen die Staaten, welche die Macht dazu haben, noch immer praktizieren, freilich völkerrechtswidrig, so war die Souveränität doch niemals in dem Sinne unbegrenzt, daß sie jede Art von Politik gegenüber anderen Staaten zu rechtfertigen vermocht hat, auch nicht nach Jean Bodin. Immer waren die Grundprinzipien des Rechts zu wahren, ob das göttliche Recht (ius divinum), das Naturrecht oder das Menschheitsrecht.

Die äußeren Souveränitätsgrenzen haben fraglos Rückwirkung auf die Ausübung der inneren Souveränität. Was immer Recht sei, es ist die Grenze staatlichen Handelns und damit auch der Souveränität, also innere Grenze derselben, die mehr und mehr weltrechtlich auch zur äußeren Grenze wird, etwa gewisse elementare Menschenrechte. Das war nie anders. Lange wurde diese Grenze als Naturrecht dogmatisiert. Freilich ist diese Grenze auch stets mißachtet worden. Recht und dessen Wirklichkeit sind zweierlei. Das Recht definiere ich als das Richtige für das gute Leben aller Bürger und Menschen auf der Grundlage der Wahrheit. Es wird durch Gesetze der praktischen Vernunft vom Volk und dessen Vertretern in den staatlichen

---

61 Dazu J. B. Funk, Der Internationale Währungsfonds, Status, Funktion, Legitimation, Dissertation Erlangen-Nürnberg, 2015.

Organen, national also, materialisiert, muß aber gemäß den allgemeinen Regeln des Völkerrechts auch die Rechte der anderen Völker und Staaten und deren Bürger, ja die Rechte aller Menschen, achten.

X   Verwirklichung der äußeren Souveränität durch Verträge

1. Völkerrechtliche Verträge verwirklichen die Souveränität eines Volkes und schränken diese nicht ein (i. d. S. BVerfGE 68, 1 (96))[62]. Die Bindung an die völkerrechtlichen Verträge stand nie in Frage, wenn die Verträge auch fast so häufig, wie sie geschlossen wurden, wieder gebrochen worden sind. Aber die Souveränität läßt nicht jedwede Materie von Verträgen zu. Die existentielle Staatlichkeit des Volkes als existentiellem Staat steht nicht zur Disposition der Außenpolitik, weil die Verfassung, die mit den Menschen geboren ist, die Verfassungsidentität, nicht politisch disponibel ist.

Bodin hat an der Bindung des Souveräns an die Verträge mit anderen Fürsten keinen Zweifel gehabt (République, I, 8, p. 152 f.; V, 6, p. 802 ff.). Hobbes lehrt den Vertrag als allgemeines Mittel gegen den Krieg aller gegen alle (Leviathan, I, 14., 15. Kap., II, 17. Kap., S. 118 ff., 129 ff., 151 ff., durchgehend). Nur Hegel bezweifelt die rechtliche Verbindlichkeit der Verträge unter Staaten mangels höherer Durchsetzungsmacht, einem allgemeinen Willen, also einem über den Staaten stehenden Staat (Rechtsphilosophie, § 333, S. 312 f.)[63]. Daraus folgert Hegel: „Der Streit der Staaten kann deswegen, insofern die besonderen Willen keine Übereinkunft finden, nur durch Krieg entschieden werden" (§ 334, S. 313). Das ist deutlich. Kant hat den Krieg zurückgewiesen, weil durch den „Sieg das Recht nicht entschieden werde" und „die Vernunft, vom Throne der höchsten moralisch gesetzgebenden Gewalt herab, den Krieg als Rechtsgang schlechterdings verdammt, den Friedenszustand dagegen zur unmittelbaren Pflicht macht, welcher doch, ohne einen Vertrag der Völker unter sich, nicht gestiftet oder gesichert werden kann". Darum fordert Kant den „Friedensbund (foedus

---

62 Ständiger Internationaler Gerichtshof, Urteil in Sachen des Dampfers „Wimbledon" vom 17. August 1923, StIGH Bd. I, 103 (113); auch Urteil vom 7. September 1927 in Sachen des Dampfers „Lotus", StIGH Bd. V, S. 71, 89; anders K. Doehring, Allgemeine Staatslehre. Eine systematische Darstellung, 3. Aufl. 2004, S. 272 f., der die Souveränität für „freiwillig einschränkbar, verzichtbar, vertraglich abdingbar" und „nicht einseitig wiederherstellbar" hält.

63 Dazu berichtend W. Mäder, Vom Wesen der Souveränität, S. 132 ff.

pacificum), der vom Friedensvertrag (pactum pacis) darin unterschieden sein würde, daß dieser bloß einen Krieg, jener aber alle Kriege auf immer zu endigen suchte" (ZeF, S. 211).

Das Gewaltverbot des modernen Völkerrechts hat gegen Hegels Macht- und für Kants Friedensverfahren im Interesse von Freiheit und Recht entschieden, ohne daß die Vertragsverletzung hingenommen werden müßte. Es gibt die wiederum nur vertragsverbindliche Rechtsklärung und die Zwangsmittel der Retorsion und Repressalie, freilich nicht den Krieg, dessen Schaden zu groß ist. Der Krieg der Völker wäre unverhältnismäßig, solange die Vertragsverletzung nicht existenzbedrohend ist und damit dem bewaffneten Angriff gleichgestellt werden muß. Auch der Streit unter den Völkern oder Staaten gibt kein Recht, Menschen zu töten. Nur Notwehr und Nothilfe vermögen als letztes Mittel Tötung zu rechtfertigen. Manche Regierungen nehmen sich aber ständig das „Recht" heraus, Menschen töten zu lassen, vornehmlich durch ihre Geheimdienste oder durch Bomben oder gar Drohnen, ohne daß eine Notwehrlage in ihren Staaten erkennbar wäre. „Notwehr ist diejenige Vereidigung, welche erforderlich ist, um einen gegenwärtiger rechtswidrigen Angriff von sich oder einem andern abzuwenden", definiert § 227 Abs. 2 BGB klassisch. Waffentechnische Vorbereitungen sind noch keine Angriffe. Sie können der Verteidigung dienen. Vertragsverletzungen und Verbalinjurien sind auch keine Angriffe im Sinne des Kriegsrechts. Diese Problematik kennzeichnet auch die gegenwärtige den Weltfrieden bedrohende vertragswidrige Entwicklung von Nuklearwaffen und die militärischen Maßnahmen dagegen.

Der Rechtsgrund der Vertragsbindung ist der stets vorhandene allgemeine Wille des Volkes, nämlich der Wille, in Freiheit und Frieden zu leben, nach innen und außen. Das ist ein „wirkliches Rechtsgesetz der Natur" (Kant, MdS, S. 366, 374), also ein Rechtsprinzip. Dogmatisch unterscheidet sich die souveräne Vertragsbindung nicht von der Gesetzlichkeit, also der Gesetzesbindung der Bürgerschaft. Die Gesetze verwirklichen die Freiheit und schränken diese nicht ein. Das ist die Logik des kategorischen Imparativs, des Sittengesetzes, des Rechtsprinzips. Das gemeinsame Leben, wie es das Schicksal des Menschen, des „ungeselligen Gesellen" (Kant, Idee, S. 37 f.), ist, ist nur durch die allgemeinen Gesetze, die sich die Menschen selbst geben, frei, durch den „allgemein übereinstimmenden und vereinigten Willen aller" (Kant, MdS, S. 432), den des Volkes also. Die Souveränität ist die Freiheit des Volkes. Das

Volk aber hat Nachbarn, ja lebt in einer allseitig verbundenen Welt, in einer Welt offener Staaten. Die Staaten sind nicht weniger „ungesellige Gesellen" als die Menschen selbst. Sie haben keine Freunde, nur Interessen, soll Charles de Gaulle Viscount Palmerston (verkürzt) zitiert haben. Zur Befriedung der Staatenwelt, zumal der nachbarlichen Staaten, sind Verträge, die den Frieden zu stabilisieren versuchen, ein hilfreiches Mittel.

Völkerrechtliche Verträge verwirklichen die innere Souveränität und befrieden die Verhältnisse der vertraglich verbundenen Staaten und Völker, die durch deren äußere Souveränität bestimmt sind. Pacta sunt servanda ist das Prinzip der inneren und äußeren Souveränität, das die ‚ungesellige Geselligkeit' der Völker befriedet und diese in Freiheit miteinander leben läßt. Aber Verträge, welche die Staaten schließen, können die Völker in der bürgerlichen Souveränität verletzen. Die Mißachtung der inneren Souveränität der Bürger durch deren staatliche Vertreter verkürzt die äußere Souveränität der Völker, wenn anderen Staaten oder internationalen oder übernationalen Institutionen eine politische Macht über die Bürgerschaften eingeräumt wird, welche die Freiheit übermäßig verkürzt. Kein Mensch darf die Menschheit in seiner Person aufgeben, „welche die oberste einschränkende Bedingung der Freiheit der Handlungen eines jeden Menschen ist" (Kant, GzMdS, S. 63; MdS, S. 345 f., 381 f.; Rprp, S. 446), kein Staat die Souveränität seines Volkes als die substantielle Freiheit der Bürger, deren existentielle Staatlichkeit.

Die Souveränität verwirklicht sich durch Innen- und Außenpolitik, durch Gesetze und Verträge. Sie ist verletzt, wenn sie entweder von innen oder von außen, zumal durch Mißachtung der Verfassung und des Verfassungsgesetzes beschränkt wird oder wenn die demokratischen, rechtsstaatlichen Verfahren freiheitlicher Rechtsetzung mißachtet werden, also Demokratie und Rechtsstaat. Die Freiheit der Bürger als die Souveränität des Volkes kann nur verwirklicht werden, wenn der Wille des Volkes als der allgemeine und übereinstimmende Willen aller Bürger zur Geltung kommt. Das gewährleistet das demokratische, rechtsstaatliche Prinzip in seiner jeweiligen verfassungsgesetzlichen Gestalt. Durch undemokratische oder rechtsstaatswidrige Entscheidungen kommt nicht der Wille des Volkes zur Geltung, sondern der Wille der jeweiligen Entscheider. Rousseau würde von einem Sonderwillen sprechen, der die Souveränität des Volkes, die volonté générale, den Gemeinwillen, verletzt.

Das praktiziert das Bundesverfassungsgericht im Prinzip nicht anders, wenn auch mit wenig klarer, jedenfalls so gut wie nicht ausformulierter Dogmatik. Das Recht auf Demokratie, welches das Gericht auf Art. 38 Abs. 1 GG stützt, erwächst dieser Souveränität des Volkes, aber eben nur zum kleinen Teil. Danach dürfen, so das Gericht, die Hoheitsrechte zum einen nur gemäß dem Prinzip der begrenzten Ermächtigung zur gemeinschaftlichen Ausübung auf die Europäische Union übertragen werden und zum anderen müssen substantielle Befugnisse Sache des nationalen Parlamentes bleiben (BVerfGE 89, 155 (171 f.), 123, 267, Rn. 167 ff.; PdR, S. 71 ff.), jedenfalls muß uneingeschränkt das demokratische Prinzip gewahrt sein, freilich mit der Ausnahme der Währungspolitik durch das System der Europäischen Zentralbanken (BVerfGE 89, 155 (199, 207 ff.)), zu Unrecht. Der Grundrechtsschutz der Souveränität kann nicht auf den des pouvoir constituant, gestützt auf Art. 38 Abs. 1 S. 2 in Verbindung mit Art. 146 GG begrenzt werden, wie das im Lissabon-Urteil anklingt (BVerfGE 123, 267, Rn. 203, 228). Wie aus der politischen Freiheit, dem Kern der unantastbaren Menschenwürde, folgt aus der Souveränität als der Freiheit der Bürger das Recht auf Recht, also das Recht darauf, daß bei jeder Politik, sei diese Innen- oder Außenpolitik, die Verfassung und das Verfassungsgesetz beachtet werden. Die Aktivierung allein des Art. 38 Abs. 1 GG für den Grundrechtsschutz des demokratischen Prinzips durch das Bundesverfassungsgericht verkürzt den verfassungsgerichtlichen Souveränitätsschutz entgegen der Verfassung der Freiheit.

2. Das Vertragsprinzip der Souveränität hat Grenzen. Nicht jede vertragliche Regelung, welche allein schon durch die Vertragsbindung die weitere Willensbildung des Volkes einschränkt, ist mit der Souveränität verträglich. Wie kein Mensch die Menschheit in seiner Person (KrV, S. 323 f.; FridR, S. 11 f.), seine Würde und Freiheit, aufgeben darf (MdS, S. 345, 381 f.; GzMdS, S. 63; FridR, S. 166, 354, 376 f.; PdR, S. 86 ff.), sich etwa nicht vertraglich versklaven oder der Herrschaft eines anderen unterwerfen darf, so darf auch das Volk seine Freiheit nicht dadurch aufgeben, daß es sich seiner Möglichkeit rechtlich oder faktisch begibt, seine Hoheit auszuüben. Schon gar nicht dürfen die Vertreter des Volkes in Regierung und Parlament die Unterwerfung des Volkes unter fremde Botmäßigkeit beschließen oder auch nur praktizieren. Damit führt die Souveränität zu erheblichen

Grenzen der Übertragung von Hoheitsrechten an sogenannte supranationale Organisationen, wie es die Europäische Union zu sein vorgibt. So kann rechtens das Volk auf sein Vetorecht gegenüber einer Unionsmaßnahme, sofern diese nicht im engen Sinne vertraglich determinierte Ausführung gemeinschaftlicher Politik ist, nicht verzichten, d. h. die Mehrheitsregel steht der völkervertraglichen Organisation grundsätzlich nicht zu Gebote. Das Bundesverfassungsgericht hat demgegenüber das gemeinschaftsrechtliche Mehrheitsprinzip der Europäischen Union weitgehend zugelassen und dieses nur eingeschränkt, wenn „elementare Interessen" des eigenen Landes berührt werden (BVerfGE 89, 155 (184)). Danach können Rechtsakte zur Geltung kommen, die nicht der Wille des Volkes sind. Das verletzt die Souveränität. Effizienzinteressen helfen darüber nicht hinweg. Keinesfalls haben die Vertreter des Volkes die Befugnis, sich von dem Willen des Volkes durch Bündnisverträge unabhängig zu machen. Auch mit diesem Mittel dürfen sie die Souveränität des Volkes nicht an sich ziehen. Das wäre Verrat am Volk, an der Freiheit der Bürger.

Die Einbindung in einen Staatenbund oder Staatenverbund, wie es die Europäische Union nach Auffassung des Bundesverfassungsgerichts ist (BVerfGE 89, 155 (184, 186, 188 ff.); 123, 267, Rn. 229, 233, 294; PdR, S. 69 ff.), muß auflösbar sein und ist in der Praxis auflösbar. Sie ist eine, wenn auch begrenzte, Bindung des Gemeinwillens, die nicht unumkehrbar sein darf, wenn sie die Souveränität nicht verletzen soll. Derartige Mitgliedschaften unterliegen dem Prinzip der ständigen Freiwilligkeit, das ich im Maastricht-Prozeß vorgetragen habe, oder, wie das Gericht formuliert hat, dem Prinzip der „umkehrbaren Selbstbindung" (BVerfGE 123, 267, Rn. 233, auch Rn. 329 f.). Das Bundesverfassungsgericht hat das entgegen den politischen Zielen der Integrationisten akzeptiert und das Recht Deutschlands formuliert, die Mitgliedschaft in der Europäischen Union jederzeit zu beenden, indem der „Rechtsanwendungsbefehl", auf dem die innerstaatliche Geltung und Anwendbarkeit des Gemeinschaftsrechts in Deutschland beruht (BVerfGE 89, 155 (190); 99, 145 (158); 123, 267, Rn. 242, 333, 335, 339, 343; BVerwGE 110, 363 (366)), durch „gegenläufigen Akt" aufgehoben wird. „Deutschland wahrt damit die Qualität eines souveränen Staates aus eigenem Recht und den Status der souveränen Gleichheit mit anderen Staaten i. S. des Art. 2 Nr. 1 der Satzung der Vereinten Nationen vom 26. Juni 1945" (BVerfGE 89, 155 (190); PdR, S. 75 f.). Das Gericht hat diese Dogmatik im Lissabon-Urteil bestärkt (BVerfGE 123, 267, Rn. 233, 299, 329 f.). „Der Fortbestand souveräner Staatsgewalt zeigt sich auch in dem Recht zum Austritt aus der Europäischen Union" (Rn. 299). Eine dauerhafte vertragliche Bindung der Willensbildung des Volkes an andere Staaten ist allein schon deswegen untragbar, weil das Volk sich stetig verändert und eine Generation nicht die nachfolgenden Generationen mehr als unvermeidlich binden darf. Aber die Lage kann sich auch derart verändern, daß die Einbindung nicht mehr hilfreich ist. Die Auflösung des Bundes bedarf keines wichtigen Grundes, der nötig ist, wenn völkerrechtliche Austauschverträge aufgelöst werden sollen (Art. 62 WVK), sondern lediglich einer neuen Willensbildung des Volkes. Der Lissabon-Vertrag hat das Austrittsrecht aus der Union jetzt in Art. 50 EUV anerkannt und näher geregelt. Im übrigen kann Deutschland nach dem Maastricht-Urteil „ultima ratio" auch die „Gemeinschaft", nämlich die Stabilitätsgemeinschaft, also die Währungsunion verlassen, wenn diese Stabilitätsgemeinschaft scheitert oder, füge ich hinzu, dies erwarten läßt (BVerfGE, 89, 155 (200 ff., 204))[64]. Eine unumkehrbare Einbindung in einen Staatenbund oder Staatenverbund wäre eine Souveränitätsverletzung. Das wäre auch nach Auffassung des Bundesverfassungsgerichts ein Bundesstaat, der nur auf Grund eines neuen Verfassungsgesetzes des Volkes begründet werden könne. „Das Grundgesetz ermächtigt die für Deutschland handelnden Organe nicht, durch einen Eintritt in einen Bundesstaat das Selbstbestimmungsrecht des Deutschen Volkes in Gestalt der völkerrechtlichen Souveränität Deutschlands aufzugeben. Dieser Schritt ist wegen der mit ihm verbundenen unwiderruflichen Souveränitätsübertragung auf ein neues Legitimationssubjekt allein dem unmittelbar erklärten Willen des Deutschen Volkes vorbehalten" (BVerfGE 123, 267, Rn. 179, 228).

Das Bundesverfassungsgericht hat zu Recht ausgesprochen, daß ein „unantastbarer Kerngehalt der Verfassungsidentität" der Politik des Deutschen Bundestages vorbehalten bleiben müsse und nicht zur gemeinschaftlichen Ausübung von Hoheitsrechten der Europäischen Union übertragen werden dürfe. Diese „integrationsfeste Identität" schütze Art. 79 Abs. 3 GG (BVerfGE 123, 267, Rn. 235 ff.). Aber der Satz: „Die Ermächtigung zur Übertragung von Hoheitsrechten auf die Europäische Union oder andere zwischenstaatliche Einrichtungen erlaubt eine Verlagerung von politischer

---

64 Näher K. A. Schachtschneider, Das Recht und die Pflicht zum Ausstieg aus der Währungsunion, in: W. Hankel, W. Nölling, K. A. Schachtschneider, J. Starbatty, Die Euro-Illusion. Ist Europa noch zu retten? 2001, S. 314 ff..

Herrschaft auf internationale Organisationen" (Rn. 231), ist mit der Souveränität eines Volkes, von der das Gericht handelt, unvereinbar. Zum einen hat niemand „politische Herrschaft", die verlagert werden könnte, zum anderen könnte diese nicht auf „internationale Organisationen" verlagert werden, weil sie, sei es Herrschaft oder sei es richtigerweise Freiheit, nicht übertragbar ist, wie schon Rousseau, aber auch Hobbes gelehrt haben (Cs., I, 7, S. 20, II, 1, S. 27; Leviathan, II, 18, S. 164 f., II. 29, S. 271). Hoheitsrechte können zwar nach Art. 23 Abs. 1 S. 2 GG und auch Art. 24 Abs. 1 GG auf die Europäischen Union bzw. auf „zwischenstaatliche Einrichtungen" „übertragen" werden, aber das sind lediglich Ausübungsbefugnisse, weder die Hoheit noch gar Herrschaft, schon gar nicht die Freiheit der Bürger. Das Gericht hat immerhin die integrationsfeste Verfassungsidentität zu Rn. 249 des Lissabon-Urteils beschrieben, freilich mit überaus weichen Begriffen, die alles Konkrete vermissen lassen. Die Sätze sind im 11. Kapitel zitiert.

Damit hat das Gericht Grenzen völkervertraglich begründeter gemeinsamer Souveränitätsausübung mehrerer Staaten durch Übertragung von Hoheitsrechten anerkannt. Besser sind diese Grenzen mit dem Begriff der existentiellen, also schicksalhaften, Staatlichkeit zu erfassen, die dem Volk als dem existentiellen Staat nicht aus der Hand genommen werden darf, auch nicht dadurch, daß andere Völker und Staaten an der Ausübung dieser Staatlichkeit beteiligt werden. Der Einfluß eines Staatenbundes oder -verbundes beeinflußt die existentielle Politik mit der Tendenz, Durchschnittsmaßnahmen zu treffen, die für alle Mitgliedstaaten schlecht sind. Ein schlimmes Beispiel ist die Zinspolitik der Europäischen Zentralbank, die auf die konjunkturelle Lage der Einzelstaaten und deren Inflation oder Deflation nicht spezifisch Rücksicht nehmen kann und für alle Staaten wegen der Einheitswährung den identischen Zinssatz festlegt. Notwenige Abwertungen und ebenso notwendige Aufwertungen sind wegen der einheitlichen Währung ohnehin nicht möglich. Das verstärkt die Divergenz der Volkswirtschaften und hat dazu geführt, daß die Mitglieder, die hätten abwerten müssen, sich, verführt durch die Zinssubventionen, übermäßig verschuldet haben und nunmehr von den anderen Staaten finanziert werden und zu Lasten ihre Souveränität durch abgenötigte Spardiktate in schwere Rezession gezwungen werden. Eine Antideflationspolitik, wie sie die Zentralbank zurzeit mit einer extremen Niedrigzinspolitik betreibt, um einigen Volkswirtschaften mit deflationärer und rezessiver Wirtschaftsentwicklung konjunkturelle Hilfestellung zu geben, im übrigen vergeblich, hat für Sparer und Rentiers anderer Volkswirtschaften enteignende Wirkungen, begünstigt allerdings deren Staatshaushalte durch so gut wie zinslose Anleihemöglichkeiten. Eine für alle beteiligten Staaten sachgerechte Geldpolitik ist wegen der Heterogenität der Volkswirtschaften nicht möglich.

Politikbereiche existentieller Staatlichkeit, die auf internationale Organisationen zu übertragen die Souveränität verbietet, sind insbesondere, ohne diese hier näher zu erläutern: Verfassung, Recht und zwar Gesetzgebung, Gesetzesanwendung und Rechtsprechung, Sicherheit im Innern und nach Außen, Staatsangehörigkeit, Wirtschaft, Handel, Währung, Budget, Finanzen, also Einnahmen und Ausgaben, Sprache, Ausbildung, Ehe und Familie. Das schließt eine Zusammenarbeit nicht aus, welche den Völkern keine Vorschriften macht.

XI Europäische Integration

Die europäische Integration in der Europäischen Union ist weitgehend gegen die Souveränität der Völker Europas gerichtet, nicht nur in ihrer Zielsetzung eines europäischen Unionsstaates, sondern bereits durch die übermäßige Übertragung der Hoheitsrechte zur gemeinsamen Ausübung.

1. Das Bundesverfassungsgericht sieht den "Souveränitätsvorbehalt" „weit zurückgenommen" (BVerfGE 111, 307 (319)) und nimmt mit dem Wort „weit" dem Souveränitätsprinzip so gut wie jede Bestimmtheit. Wie weit, von woher und wohin eigentlich? Räumliche Metaphern sind in der Rechtslehre wenig hilfreich. Im Lissabon Urteil (BVerfGE 123, 267, Rn. 219 ff.) hat das Gericht entwickelt:

„Die grundgesetzliche Ausgestaltung des Demokratieprinzips ist offen für das Ziel, Deutschland in eine internationale und europäische Friedensordnung einzufügen. Die dadurch ermöglichte neue Gestalt politischer Herrschaft unterliegt nicht schematisch den innerstaatlich geltenden verfassungsstaatlichen Anforderungen und darf deshalb nicht umstandslos an den konkreten Ausprägungen des Demokratieprinzips in einem Vertrags- oder Mitgliedstaat gemessen werden. Die Ermächtigung zur europäischen Integration erlaubt eine andere Gestaltung politischer Willensbildung, als sie das Grundgesetz für die deutsche Verfassungsordnung bestimmt. Dies gilt bis zur Grenze der

unverfügbaren Verfassungsidentität (Art. 79 Abs. 3 GG). Der Grundsatz der demokratischen Selbstbestimmung und der gleichheitsgerechten Teilhabe an der öffentlichen Gewalt bleibt auch durch den Friedens- und Integrationsauftrag des Grundgesetzes sowie den verfassungsrechtlichen Grundsatz der Völkerrechtsfreundlichkeit (vgl. BVerfGE 31, 58 <75 f.>; 111, 307 <317>; 112, 1 <26>; BVerfGK 9, 174 <186>) unangetastet. Die deutsche Verfassung ist auf Öffnung der staatlichen Herrschaftsordnung für das friedliche Zusammenwirken der Nationen und die europäische Integration gerichtet. Weder die gleichberechtigte Integration in die Europäische Union noch die Einfügung in friedenserhaltende Systeme wie die Vereinten Nationen bedeuten eine Unterwerfung unter fremde Mächte. Es handelt sich vielmehr um freiwillige, gegenseitige und gleichberechtigte Bindung, die den Frieden sichert und die politischen Gestaltungsmöglichkeiten durch gemeinsames koordiniertes Handeln stärkt. Das Grundgesetz schützt individuelle Freiheit - als Selbstbestimmung des Einzelnen - nicht mit dem Ziel, bindungslose Selbstherrlichkeit und rücksichtslose Interessendurchsetzung zu fördern. Gleiches gilt für das souveräne Selbstbestimmungsrecht der politischen Gemeinschaft. Der Verfassungsstaat bindet sich mit anderen Staaten, die auf demselben Wertefundament der Freiheit und Gleichberechtigung stehen und die wie er die Würde des Menschen und die Prinzipien gleich zustehender personaler Freiheit in den Mittelpunkt der Rechtsordnung stellen. Gestaltenden Einfluss auf eine zunehmend mobile und grenzüberschreitend vernetzte Gesellschaft können demokratische Verfassungsstaaten nur gewinnen durch sinnvolles, ihr Eigeninteresse wie ihr Gemeininteresse wahrendes Zusammenwirken. Nur wer sich aus Einsicht in die Notwendigkeit friedlichen Interessenausgleichs und in die Möglichkeiten gemeinsamer Gestaltung bindet, gewinnt das erforderliche Maß an Handlungsmöglichkeiten, um die Bedingungen einer freien Gesellschaft auch künftig verantwortlich gestalten zu können. Dem trägt das Grundgesetz mit seiner Offenheit für die europäische Integration und für völkerrechtliche Bindungen Rechnung. Die Präambel des Grundgesetzes betont nach den Erfahrungen verheerender Kriege, gerade auch unter den europäischen Völkern, nicht nur die sittliche Grundlage verantworteter Selbstbestimmung, sondern auch den Willen, als gleichberechtigtes Glied in einem vereinten Europa dem Frieden der Welt zu dienen. Dies wird konkretisiert durch die Ermächtigungen zur Integration in die Europäische Union (Art. 23 Abs. 1 GG), zur Beteiligung an zwischenstaatlichen Einrichtungen (Art. 24 Abs. 1 GG) und zur Einfügung in Systeme gegenseitiger kollektiver Sicherheit (Art. 24 Abs. 2 GG) sowie durch das Verbot von Angriffskriegen (Art. 26 GG). Das Grundgesetz will die Mitwirkung Deutschlands an internationalen Organisationen, eine zwischen den Staaten hergestellte Ordnung des wechselseitigen friedlichen Interessenausgleichs.

In den Zielen der Präambel wird dieses Souveränitätsverständnis sichtbar. Das Grundgesetz löst sich von einer selbstgenügsamen und selbstherrlichen Vorstellung souveräner Staatlichkeit und kehrt zu einer Sicht auf die Einzelstaatsgewalt zurück, die Souveränität als „völkerrechtlich geordnete und gebundene Freiheit" auffaßt. Es bricht mit allen Formen des politischen Machiavellismus und einer rigiden Souveränitätsvorstellung, die noch bis zu Beginn des 20. Jahrhunderts das Recht zur Kriegsführung - auch als Angriffskrieg - für ein selbstverständliches Recht des souveränen Staates hielt, wenngleich mit den auf der Haager Friedenskonferenz am 29. Juli 1899 unterzeichneten Abkommen noch unter Bekräftigung des ius ad bellum eine allmähliche Ächtung der Gewalt zwischen Staaten einsetzte".

Das ist wenig grenzscharf, typisch für die sehr essayistische Schreibweise des Berichterstatters Udo Di Fabio, aber stimmt im Großen und Ganzen mit meiner kantianisch geprägten Rechtslehre, die ich im Lissabon-Prozeß wie schon im Maastricht-Prozeß vorgetragen habe, überein.

Das Bundesverfassungsgericht sagt im Lissabon-Urteil zu Randnummer 224 zudem ganz richtig:

„Das Grundgesetz schreibt demgegenüber die Friedenswahrung und die Überwindung des zerstörerischen europäischen Staatenantagonismus als überragende politische Ziele der Bundesrepublik fest. Souveräne Staatlichkeit steht danach für einen befriedeten Raum und die darin gewährleistete Ordnung auf der Grundlage individueller Freiheit und kollektiver Selbstbestimmung. Der Staat ist weder Mythos noch Selbstzweck, sondern die historisch gewachsene, global anerkannte Organisationsform einer handlungsfähigen politischen Gemeinschaft".

Zu den Randnummer 248 f. des Lissabon- Urteils hat das Bundesverfassungsgericht konstatiert:

„Die vom Demokratieprinzip im geltenden Verfassungssystem geforderte Wahrung der Souveränität im vom Grundgesetz angeordneten integrationsoffenen und völkerrechtsfreundlichen Sinne, bedeutet für sich genommen nicht, dass eine von vornherein bestimmbare Summe oder bestimmte Arten von Hoheitsrechten in der Hand des Staates bleiben müssten. Die von Art. 23 Abs. 1 Satz 1 GG erlaubte Mitwirkung Deutschlands an der Entwicklung der Europäischen Union umfasst neben der Bildung einer Wirtschafts- und Währungsgemeinschaft auch eine politische Union. Politische Union meint die gemeinsame Ausübung von öffentlicher Gewalt, einschließlich der gesetzgebenden, bis hinein in die herkömmlichen Kernbereiche des staatlichen Kom-

*petenzraums. Dies ist in der europäischen Friedens- und Einigungsidee ins-
besondere dort angelegt, wo es um die Koordinierung grenzüberschreitender
Lebenssachverhalte geht und um die Gewährleistung eines gemeinsamen
Wirtschafts- und Rechtsraumes, in dem sich Unionsbürger frei entfalten können (Art. 3 Abs. 2 EUV- Lissabon)".*

*„Die europäische Vereinigung auf der Grundlage einer Vertragsunion souve-
räner Staaten darf allerdings nicht so verwirklicht werden, dass in den Mitgliedstaaten kein ausreichender Raum zur politischen Gestaltung der wirtschaftlichen, kulturellen und sozialen Lebensverhältnisse mehr bleibt. Dies
gilt insbesondere für Sachbereiche, die die Lebensumstände der Bürger, vor
allem ihren von den Grundrechten geschützten privaten Raum der Eigenver-
antwortung und der persönlichen und sozialen Sicherheit prägen, sowie für
solche politische Entscheidungen, die in besonderer Weise auf kulturelle, hi-
storische und sprachliche Vorverständnisse angewiesen sind, und die sich im
parteipolitisch und parlamentarisch organisierten Raum einer politischen
Öffentlichkeit diskursiv entfalten. Zu wesentlichen Bereichen demokratischer
Gestaltung gehören unter anderem die Staatsbürgerschaft, das zivile und
militärische Gewaltmonopol, Einnahmen und Ausgaben einschließlich der
Kreditaufnahme sowie die für die Grundrechtsverwirklichung maßgeblichen
Eingriffstatbestände, vor allem bei intensiven Grundrechtseingriffen wie dem
Freiheitsentzug in der Strafrechtspflege oder bei Unterbringungsmaßnahmen.
Zu diesen bedeutsamen Sachbereichen gehören auch kulturelle Fragen wie
die Verfügung über die Sprache, die Gestaltung der Familien- und Bildungs-
verhältnisse, die Ordnung der Meinungs-, Presse- und Versammlungsfreiheit
oder der Umgang mit dem religiösen oder weltanschaulichen Bekenntnis".*

Es gibt völkerrechtliche Verpflichtungen allgemeiner Art und aus besonderen Verträgen. Dazu gehören auch die Verträge über die Europäische Union.
Diese haben bisher kein Unionsvolk geschaffen und können das ohne Zustimmung der Völker durch Referenden nicht (BVerfGE 123, 267, Rn. 179,
224, 263). Ohne Unionsvolk gibt es keinen neuen Träger der Staatsgewalt
und somit keine Souveränität der Europäischen Union. Die Formel „politische Union" geht allerdings zu weit, weil das Politische alles Staatliche
umfaßt. Deutschland hat keinerlei Hoheit, Staatsgewalt oder Souveränität
durch die europäische Integration eingebüßt. Das erweist sich vor allem in
dem jederzeitigen Recht, die Union zu verlassen, im Austrittsrecht, dessen
Anerkennung ich gegen die allgemeine Meinung und gegen die Ideologie
der Unumkehrbarkeit der Integration im Maastricht-Prozeß 1993 durchgesetzt habe (BVerfGE 89, 155 (190)) und das jetzt in Art. 50 EUV steht und

mit einem gewissen Verfahren ausgestattet ist. Richtig spricht das Bundesverfassungsgericht jetzt (BVerfGE 123, 267, Rn. 233, 299, 329 f.) die vor mir „ständige Freiwilligkeit der Mitgliedschaft" in einer völkerrechtlichen Organisation genannte Rechtslage als Prinzip „umkehrbarer Selbstbindung im Staatenverbund" an.

2. Das Volk hat, zum Staat verfaßt, existentielle Staatseigenschaft. Die steht in keiner Weise zur Disposition der Politik der Volksvertreter. Wenn diese neugestaltet, etwa aus den einzelstaatlichen europäischen Völkern ein Volk der Unionsbürger geschaffen werden soll, müssen sich alle beteiligten Völker dafür durch Volksabstimmungen öffnen (so auch BVerfGE 123, 267, Rn. 179, 228, 263). Die funktionale Staatlichkeit kann nach Art. 23 Abs. 1 GG zur gemeinsamen Ausübung Organen der Europäischen Union übertragen werden. Die Hoheit bleibt dabei die der Völker. Sie verlieren diese nicht, dogmatisch. Hoheitsrechte sind jedoch in einem solchen Maße zur Ausübung an die Union übertragen, daß die Union längst ein Staat, ein Bundesstaat im funktionalen Sinne ist. Das Bundesverfassungsgericht teilt mit mir die Auffassung, daß der Umfang der übertragenen Hoheitsrechte und der Grad der politischen Verselbständigung bei der Wahrnehmung der übertragenen Hoheitsrechte Kriterium des Verlustes an demokratischem Legitimationsniveau ist (BVerfGE 123, 267, Rn. 262), räumt aber nicht ein, daß das längst Realität ist (Rn. 275). Die Europäische Union ist funktional ein vertraglicher Bundesstaat, ein echter Bundesstaat, der auf Vertrag, nicht wie Deutschland auf einem Verfassungsgesetz beruht. Sie ist aber kein existentieller Staat. Sie hat auch keine eigenständige Legitimation oder gar Legalität und vermag eine solche mangels eines Volkes auch nicht hervorzubringen[65]. Eigentlich lebt sie nur von der Ideologie und dem elitären Willen der politischen Klasse in Deutschland, in der Union und in der Welt, daß das große Europa eine gute, ja alternativlose Politik sei. Die großen Medien gehören zur politischen Klasse und propagieren seit Jahren, Tag für Tag, nichts anderes. In Wirklichkeit wird die zum Staat vereinte Europäische Union niemals demokratisch, rechtsstaatlich und sozial sein, wie auch jetzt schon nicht. Die verstaatlichte Union wird eine diktatorisch verwalteter, wirtschaftlich heruntergekommener Rand Asiens mit einer multiethnischen, überwiegend islamischen Bevölkerung sein, erweitert nach Vorderasien und in das nörd-

---

65 Zum Ganzen K. A. Schachtschneider, *Verfassungsbeschwerde gegen den Vertrag von Lissabon,* Homepage KASchachtschneider.de, downloads.

liche Afrika hinein. Es drohen religiöse Bürgerkriege, aber es kann auch zu einer kampflosen Unterwerfung unter den Islam kommen. Die Menschen lassen sich in einem Großstaat leichter beherrschen. Die Europäische Union ist ein Staat ohne Legitimation und ohne Legalität. Die Übertragung der Hoheitsrechte auf die Europäischen Union nach Art. 23 Abs. 1 S. 2 GG (früher nach Art. 24 Abs. 1 GG), die nur zur gemeinschaftlichen Ausübung der „Souveränität" übertragen werden (so schon das Maastricht- Urteil, BVerfGE 89, 155 ((188 f.); jetzt in diesem Sinne das Lissabon-Urteil, BVerfGE 123, 267, Rn. 233, 248; vgl. PdR, S. 66 ff., u.ö.), darf allenfalls in engen Grenzen der Verantwortbarkeit und Voraussehbarkeit der nationalen Parlamente erfolgen. Von diesem Prinzip der begrenzten Einzelermächtigung kann in der Praxis keine Rede sein. Das ist eine Verletzung nicht nur des demokratischen Prinzips, sondern auch der existentiellen Staatlichkeit und damit der inneren und äußeren Souveränität des Volkes. Das Bundesverfassungsgericht stellt im Lissabon-Urteil (Rn. 228) an sich richtig klar:

„Integration setzt den Willen zur gemeinsamen Gestaltung und die Akzeptanz einer autonomen gemeinschaftlichen Willensbildung voraus. Integration in eine freiheitliche Gemeinschaft verlangt aber weder eine der verfassungsrechtlichen Begrenzung und Kontrolle entzogene Unterwerfung noch den Verzicht auf die eigene Identität. Das Grundgesetz ermächtigt die für Deutschland handelnden Organe nicht, durch einen Eintritt in einen Bundesstaat das Selbstbestimmungsrecht des Deutschen Volkes in Gestalt der völkerrechtlichen Souveränität Deutschlands aufzugeben. Dieser Schritt ist wegen der mit ihm verbundenen unwiderruflichen Souveränitätsübertragung auf ein neues Legitimationssubjekt allein dem unmittelbar erklärten Willen des Deutschen Volkes vorbehalten".

Es hat die schweren Rechtsverletzungen der Praxis bisher aber nicht zu erkennen und auszusprechen für opportun gehalten:

„Das Legitimationsniveau der Europäischen Union entspricht im Hinblick auf den Umfang der übertragenen Zuständigkeiten und den erreichten Grad von Verselbständigung der Entscheidungsverfahren noch verfassungsrechtlichen Anforderungen, sofern das Prinzip der begrenzten Einzelermächtigung verfahrensrechtlich über das in den Verträgen vorgesehene Maß hinaus gesichert wird." „Mit dem Vertrag von Lissabon wird weder die für die Verfassungsorgane unverfügbare verfassungsgebende Gewalt übertragen noch die staatliche Souveränität der Bundesrepublik Deutschland aufgegeben" (Rn. 275 des Lissabon-Urteils).

Das Gericht sieht aber die Grenze der Ermächtigungen der Union beinahe als erreicht an. „Noch" würden dem Deutschen Bundestag „eigene Aufgaben und Zuständigkeiten von hinreichendem Gewicht" verbleiben (Rn. 275). Die angestrebte und weitgehend verwirklichte Fiskal- und Sozialunion dürfte auch dem Gericht zu weit gehen, weil sie die Grenze zum Bundesstaat überschreitet.

Wenn die gemeinschaftliche Ausübung der Staatsgewalt auf Grund der übertragenen Hoheitsrechte die Grenzen existentieller Staatlichkeit oder eben der Souveränität nicht einhält, wird die Ausübung der Staatsgewalt, die das Bundesverfassungsgericht mit der Souveränität verbindet, staats- und souveränitätswidrig, zumal demokratiewidrig ausgehöhlt. Wenn diese „Souveränität" nur noch das Recht ist, die Europäischen Union zu verlassen, ist sie angesichts der Lage und der Machtverhältnisse in Deutschland, Europa und in der Welt so gut wie wertlos. Der gebotene Austritt Deutschlands aus der Europäischen Union oder auch nur aus dem Euro-Verbund dürfte schwere internationale Verwerfungen nach sich ziehen. Der Bundeskanzler Helmut Kohl hat sibyllinisch die Währungsunion als eine Frage von Krieg und Frieden bezeichnet, sicher besser informiert als das deutsche Volk. Die Feindstaatenklausel in der Charta der Vereinten Nationen, die manche wegen der realen Friedenslage als obsolet ansehen, bleibt ein Stachel im Fleisch der deutschen Souveränität.

Die Bürgerschaften müssen um der Freiheit als der Souveränität willen allemal die Gesetzgebung, die Rechtsprechung und die Verwaltung in ihren Händen halten. Nur eine Koordinierung der Ausübung der Staatsgewalt, welche die eigenständige demokratische Willensbildung der Völker wahrt, ist mit der Souveränität vereinbar. Das ist die gemeinschaftliche Ausübung durch die Unionsorgane nicht, solange deren Befugnisse übermäßig weit sind, schon gar nicht die „Regierung" der Europäischen Zentralbank durch ebenso willkürliche wie verbotene Staatsfinanzierung.

Die Teilhabe aller Bürger, auch der Minderheit, an der Staatsgewalt muß hinreichend gewährleistet sein. Das folgt aus dem Recht auf Demokratie, welches aus Art. 38 Abs. 1 GG in Verbindung mit Art. 20 Abs. 1 GG folgt (BVerfGE 89, 155 (171 f.), 123, 267, Rn. 167 ff.). Die politische Klasse, die das Parlament auf Grund fragwürdiger (Verhältniswahlsystem mit 5% Sperrklausel, Parteienfinanzierung, Propaganda der Medien, u.a.) Wahlen in der Hand hat, hat nicht das Recht, die (vermeintliche) Minderheit der

Wähler und Nichtwähler dadurch von der Teilhabe an der Ausübung der Staatsgewalt, der politischen Willensbildung, auszuschließen, daß sie die Politiken durch übermäßige Übertragung des Hoheitsrechte auf die Europäische Union Organen überantwortet, die nicht wesentlich vom jeweiligen Volk, sondern überwiegend von anderen Völkern legitimiert sind. Das ist nur in engen Grenzen tragfähig, Grenzen, die schon der Vertrag von Maastricht 1992 weit überschritten hat. Schließlich ist die Teilhabe an der Ausübung der Staatsgewalt das wichtigste Recht der Bürger, nämlich die politische Freiheit (FridR, durchgehend). Die Agenda existentieller Staatlichkeit müssen in der Hand des existentielle betroffenen Volkes bleiben. Sonst büßen die Bürger ihre Souveränität ein. Das gilt insbesondere für die Wirtschafts-, Währungs- und Sozialpolitik, die eine Einheit sind und als Einheit verantwortet werden müssen, aber das gilt auch für die Sicherheits-, die Gesundheits-, die Bildungs- und andere Politiken.

XII Demokratiedefizit der Europäischen Union

1. Die politische Willensbildung der Europäischen Union ist entdemokratisiert. Das Europäische Parlament ist nicht demokratisch legitimiert oder gar republikanisch legalisiert, erstens weil es mangels eines Unionsvolkes kein Volk vertritt, zweitens weil die Wahl dieses Parlaments nicht gleichheitlich, sondern „degressiv proportional" ist (Art. 14 Abs. 2 S. 3 EUV). Diese Versammlung (so noch Art. 137 EWGV) der „Vertreter der Völker" (so noch Art. 189 Abs. 1 EGV; i. d. S. das Lissabon-Urteil BVerfGE 123, 267, Rn. 280 ff., 286) ist kein Parlament[66]. Es wird nur so genannt, zum einen, um der Öffentlichkeit Demokratie vorzutäuschen, zum anderen, um den Status der Abgeordneten, insbesondere deren übermäßige Diäten[67], zu rechtfertigen. Dem Europäischen Parlament komme für die Legitimation der Rechtsakte der Gemeinschaft „eine stützende Funktion" zu, hat das Bundesverfassungsgericht im Maastricht-Urteil (BVerfGE 89, 155 (186)) ausgesprochen und das im Lissabon-Urteil (BVerfGE 123, 267, Rn. 262, 271, „eine eigenständige zusätzliche Quelle für demokratische Legitima-

---

66 Dazu K. A. Schachtschneider, Verfassungsbeschwerde Lissabon-Vertrag, 3. Teil J I; J. Ott, Das Europäische Parlament als Parlament, 2015.

67 Dazu H. H. von Arnim, Diätenwildwuchs im Europäischen Parlament – Verschleierte Einkommen und Doppelversorgungen: unangemessen und rechtswidrig, NJW 2004, 1422 ff.

tion") S. 276 ff., 280 ff., 289 ff., insb. Rn. 262, 271) nicht verstärkt, mehr also nicht[68]. Das ändert der Lissabon Vertrag trotz sprachlicher Aufwertung des Europäischen Parlaments zum Gesetzgeber (gemeinsam mit dem Rat, Art. 14 Abs. 1 S. 1 EUV) in der Sache nicht, jedenfalls nicht wesentlich. Das für das Parlament konstitutive und für die allgemeine Freiheit unverzichtbare Prinzip der Repräsentation des Volkes als Volksvertretung (Art. 20 Abs. 2 S. 2 GG) erfüllt das Europäische Parlament keinesfalls.

Dem Europäischen Parlament wird durch den Lissabon-Vertrag trotz des größeren Einflusses im ordentlichen Gesetzgebungsverfahren (Art. 289 Abs. 1, Art. 294 AEUV) keine eigenständige Gesetzgebungsbefugnis eingeräumt, nicht einmal ein Gesetzesinitiativrecht im eigentlichen Sinne. Das Gesetzesvorschlagsmonopol hat abgesehen von einigen Ausnahmen die Kommission (Art. 17 Abs. 2 EUV, Art. 289 Abs. 4 und Art. 293 AEUV). Das Parlament soll an den Rechtsetzungsverfahren mit Rechten zur Anhörung und zur Stellungnahme beteiligt werden, bis hin zum Recht, im ordentlichen Gesetzgebungsverfahren den Standpunkt des Rates (nach Vorschlag der Kommission) mit der Mehrheit seiner Mitglieder (Art. 294 Abs. 7 lit. b AEUV) oder im Vermittlungsverfahren sogar den gemeinsamen Entwurf des Vermittlungsausschusses mit der Mehrheit der abgegebenen Stimmen (Art. 294 Abs. 8 lit. b und Abs. 10-14 AEUV) abzulehnen. Maßgebliche Rechtsetzungsorgane in der Europäischen Union bleiben wie in der bisherigen Europäischen Gemeinschaft (Art. 251, 252 EGV) die Kommission und der Rat (Art. 289, 294 AEUV), also prinzipiell zur Gesetzgebung nicht legitimierte Exekutivorgane, denen an sich nur Gesetzesinitiativrechte zukommen. Zwar ist der Einfluß des Europäischen Parlaments gestärkt, doch ist dies auf das ordentliche Gesetzgebungsverfahren begrenzt, welches nur in bestimmten Politikbereichen durchgeführt werden soll. In existentiellen Politikbereichen, wie insbesondere der Bestimmung der Grundzüge der Wirtschaftspolitik der Mitgliedstaaten nach Art. 121 Abs. 2 ff. AEUV und im Haushaltsdisziplinierungsverfahren nach Art. 126 AEUV soll das Parlament lediglich von Beschlüssen über Sanktionsmaßnahmen unterrichtet werden (Abs. 11 Unterabs. 2). In die

---

68 Demgegenüber EGMR, EuGRZ 1999, 200 (204), das dem „Europäischen Parlament als das grundlegende Instrument der demokratischen und politischen Kontrolle in dem System der Europäischen Gemeinschaft" zumißt, weil „dessen demokratische Legitimation auf unmittelbarer allgemeiner Wahl beruht" und das Parlament „derjenige Bestandteil in der Europäischen Gemeinschaftsstruktur anzusehen ist, der dem Bemühen, ‚wirksame politische Demokratie' sicherzustellen, am meisten entspricht"; das ist eine euphemistische, aber auch decouvrierende Formulierung.

Gemeinsame Außen- und Sicherheitspolitik ist das Parlament nur marginal eingebunden. Der Hohe Vertreter der Union für Außen- und Sicherheitspolitik hört es regelmäßig zu den „wichtigsten Aspekten und den grundlegenden Weichenstellungen der Gemeinsamen Außen- und Sicherheitspolitik und der Gemeinsamen Sicherheits- und Verteidigungspolitik und unterrichtet es über die Entwicklung der Politik in diesen Bereichen. Er achtet darauf, daß die Auffassungen des Parlaments gebührend berücksichtigt werden". Das Parlament „kann Anfragen und Empfehlungen an den Rat und den Hohen Vertreter richten". „Zweimal jährlich führt es eine Aussprache über die Fortschritte bei der Durchführung" dieser Politiken (Art. 36 EUV). Kein Politikbereich ist in der globalisierten Welt wichtiger als der der Außen- und Sicherheitspolitik. Für wichtige Agenden ist das besondere Gesetzgebungsverfahren vorgesehen (Art. 289 Abs. 2 AEUV), an denen das Parlament lediglich beteiligt ist, d. h. es wird nur angehört, beispielsweise bei der Festlegung der Bestimmungen über das System der Eigenmittel, die auch neue Kategorien von Eigenmitteln, also Unionssteuern, einführen können (Art. 311 Abs. 3 AEUV), prinzipiell immer, wenn der Rat einstimmig zu entscheiden hat.

Kommission und Rat wären allenfalls in engen Grenzen gemäß einem wirklichen Prinzip der begrenzten Ermächtigung (BVerfGE 89, 155 (181 ff., 191 ff.); 123, 267, Rn. 226, 234 ff., 262, 265, 272, 275, 298 ff., 300 ff., 326; PdR, S. 71 ff.) legal ermächtigt, nicht aber für ihre umwälzende, so gut wie alle Lebensbereiche erfassende Integrationspolitik. Die Ermächtigungen in den Unionsverträgen durch die Übertragung von Hoheitsrechten (Art. 23 Abs. 1 S. 2 GG), welche die Zustimmung der nationalen Gesetzgeber gefunden haben (vgl. Art. 59 Abs. 2 und Art. 23 Abs. 1 S. 2 GG), sind einerseits zu weit und zu offen und andererseits haben die Legislativorgane ihre Zustimmung nicht wirklich an dem Willen der Völker orientiert, sondern sich dem Integrationsdruck, aber auch den Vereinbarungen der Exekutiven gebeugt.

2. Nach Art. 10 Abs. 2 EUV sollen die „Bürgerinnen und Bürger auf Unionsebene unmittelbar im Europäischen Parlament vertreten" sein. Das Parlament soll somit nicht mehr Versammlung der Vertreter der Völker, sondern Gesetzgebungsorgan der Bürger der Europäischen Union, der Unionsbürgerschaft, sein, welche dadurch gewissermaßen als Unionsvolk konstituiert werden soll, freilich vergeblich (BVerfGE 123, 267, Rn. 346 ff.). Damit soll dem Europäischen Parlament und dessen Gesetzgebungsakten eine bürgerschaftliche demokratische Legitimationskraft zugesprochen werden, als wäre dieses Unionsvolk souverän. Das ist aber nichts als wirklichkeits- und normwidrige Fiktion. Souverän sind ausschließlich die Bürgerschaften/Völker der Mitgliedstaaten. Die Fiktion des Lissabon-Vertrages wirft unüberwindliche demokratierechtliche Verfassungsprobleme auf, solange der demokratische Fundamentalsatz des Art. 20 Abs. 2 S. 1 GG: „Alle Staatsgewalt geht vom Volke aus", geachtet wird. Das Volk in diesem Satz ist in und für Deutschland das Deutsche Volk (BVerfGE 83, 37 (50 ff.); 83, 60 (71 f.)); vgl. auch BVerfGE 89, 155 (184 ff.); i. d. S. auch BVerfGE 123, 267, Rn. 228); denn das Volk ist staatsrechtlich die Bürgerschaft eines existentiellen Staates, wie es Deutschland (noch) ist (Rprp, S. 16 f.; PdR, S. 58 ff.). Weil dieser, im übrigen menschheitliche, Grundsatz unabänderlich ist, wie Art. 79 Abs. 3 GG, aber auch Art. 23 Abs. 1 S. 3 GG klarstellen, bedarf es der Staatsgründung eines neuen existentiellen Staates, also der Europäischen Union als eines existentiellen Staates, der dann kein Staatenverbund mehr ist, sondern ein existentieller Bundesstaat, um durch die Konstituierung eines neuen Staatsvolkes, des Unionsvolkes, dem fundamentalen Prinzip der Demokratie die Geltung und auch die Wirkung wenigstens konstruktiv zurückzugeben.

Ohne Volksentscheid, der die existentielle Staatlichkeit des existentiellen Staates zugunsten eines europäischen Bundesstaates als existentiellem Staat (wie das in Deutschland der Bund, aber auch die Länder sind (Souveränität, S. 402 ff.) einschränkt, wenn auch nicht gänzlich aufhebt, ist eine so verordnete (existentielle) Staatswerdung der Europäischen Union mit dem Grundgesetz nicht vereinbar, zumal damit neben dem jeweiligen Volk des Mitgliedstaates, etwa der Deutschen, ein neues Volk im existentiellen Sinne, das Unionsvolk, geschaffen wird. Eine Nationalisierung der Europäischen Union zu einem existentiellen Staat ist ohne ein Verfassungsreferendum der Deutschen mit dem Verfassungsprinzip der existentiellen deutschen Staatlichkeit und damit der Souveränität der Bürger Deutschlands unvereinbar[69]. Für einen solchen Volksentscheid ist ein Verfahren noch gar nicht erörtert, geschweige denn geklärt. Die Integrationspolitik des Lissabon-Vertrages gefährdet den „Bestand der Bundesrepublik Deutschland"

---

69 K. A. Schachtschneider, Die existentielle Staatlichkeit der Völker Europas und die staatliche Integration der Europäischen Union. Ein Beitrag zur Lehre vom Staat nach dem Urteil des Bundesverfassungsgerichts zum Vertrag über die Europäische Union von Maastricht, in: W. Blomeyer / K. A. Schachtschneider (Hrsg.), Die Europäische Union als Rechtsgemeinschaft, 1995, S. 75 ff., 87 ff.; ders., Die Republik der Völker Europas, ARSP Beiheft 71 (1997), S. 153 ff., 170 ff.

und ist, wie Art. 21 Abs. 2 S. 1 GG, der die Verfassungswidrigkeit von Parteien regelt, erweist, verfassungswidrig. Solange jedenfalls in Deutschland alle Staatsgewalt vom Volke und das heißt: vom Deutschen Volke, ausgeht, kann es rechtens in Deutschland keine Gesetzgebung geben, welche ihre Verbindlichkeit (Rprp, S. 637 ff., insb. S. 707 ff.) nicht vom Deutschen Volk, sondern von einem europäischen Unionsvolk herleitet. Das hat das Bundesverfassungsgericht zu der Dogmatik von der „begrenzten Einzelermächtigung" (BVerfGE 89, 155 (181, 191 ff.); BVerfGE 123, 267, Rn. 226, 234 ff., 262, 265, 272, 275, 298 ff., 300 ff., 326)) gezwungen (PdR, S. 71 ff.), die zumindest fingieren kann, daß die Rechtsakte der Gemeinschaft, jetzt der Union, durch die nationalen Parlamente demokratisch legitimiert seien, weil diese die Politik der Gemeinschaft verantworten können würden, die im Wesentlichen in den Unionsverträgen, denen die nationalen Parlamente zugestimmt hätten, vereinbart wäre. Einen meßbaren Einfluß haben die Abgeordneten der nationalen Parlamente auf die Verträge, die herrschend als Verfassung der Europäischen Union dogmatisiert werden[70], nicht, weil die Materie der Verträge völkervertraglich festgelegt ist und die nationalen Regierungen sich bereits gebunden haben. Jedenfalls nehmen sich die durch ihre Parteiführer disziplinierten und im parteiengeprägten parlamentarischen Regierungssystem (BVerfGE 11, 77 (85); 26, 338 (395 f.); 45, 1 (46); PdR, S. 176 ff.) leicht zu disziplinierenden Abgeordneten den Einfluß nicht. Sie pflegen ihren Führern zu akklamieren. Das Bundesverfassungsgericht hat im Lissabon-Urteil Art. 10 Abs. 1 S. 1 EUV als Anmaßung zurückgewiesen (BVerfGE 123, 267, Rn. 280): „Das Europäische Parlament ist auch nach der Neuformulierung in Art. 14 Abs. 2 EUV-Lissabon und entgegen dem Anspruch, den Art. 10 Abs. 1 EUV- Lissabon nach seinem Wortlaut zu erheben scheint, kein Repräsentationsorgan eines souveränen europäischen Volkes", und damit ein Stück Souveränität gegen die Integrationspolitik verteidigt. Das Gericht ist meiner staatsrechtlichen Dogmatik gefolgt, daß der Schritt zum europäischen Bundesstaat einer neuen Verfassung Deutschlands gemäß Art. 146 GG bedarf (BVerfGE 123, 267, Rn. 203, 228). Ein echter Parlamentarismus der Union, in dem ein Parlament die Befugnis hätte, allein Gesetze zu geben, wäre funktional Ausübung von

---

70 EuGH, Gutachten 1/91, EWR, Slg. 1991, S. I-6979 (6102), „Verfassungsurkunde"; Gutachten 2/94, EMRK, Slg., 1996, S. I-1789; vgl. auch BVerfGE 22, 293 (296); schon H. P. Ipsen, Europäisches Gemeinschaftsrecht, 1972, S. 40 ff.; P. M. Huber, Europäisches und nationales Verfassungsrecht, VVDStRL 60 (2001), S. 194 ff. 234 f. („Verfassungsvertrag").

Staatsgewalt, der nicht nur egalitär von den Unionsbürgern gewählte Abgeordnete, welche das Unionsvolk vertreten, haben müßte, sondern dem Souveränitätsvorbehalt der Völker widerspräche. Er wäre Ausdruck eigener Souveränität, welche die Union nicht hat.

3. Nach wie vor hält das Bundesverfassungsgericht daran fest, daß die Rechtsakte der Union wesentlich von den nationalen Parlamenten legitimiert werden (BVerfGE 89, 155 (184, 186, 188 ff.); 123, 267, Rn. 262, 263). Dafür genügt die Bestimmtheit der Ermächtigungen der Union, die vom Prinzip der begrenzten Ermächtigung postuliert wird, keinesfalls. Die Ermächtigungen sind weit und offen und umfassen fast den gesamten Bereich möglicher Politik[71]. Die Grenzen zieht der Zuständigkeitskatalog der Art. 3 bis 6 AEUV. Der ist umfassend. Das Subsidiaritätsprinzip des Art. 5 EUV ist, geschwächt durch das Verfahren des Protokolls über die Anwendung der Grundsätze der Subsidiarität und der Verhältnismäßigkeit, ein mehr als klägliches Instrument der nationalen Parlamente und hat noch so gut wie keine Wirkung entfaltet[72]. Aber die Parlamente der Völker hätten die Möglichkeit, ihre Integrationsverantwortung weitaus wirkungsvoller wahrzunehmen, als sie es zu tun pflegen. Sie haben nicht nur die Ausübung der Hoheitsrechte der Völker weitestgehend aus der Hand gegeben, sondern sich bereitwillig aus der politischen Verantwortung verabschiedet, weil die meisten Abgeordneten dieser nicht gewachsen sind und sich mehr um ihre Karriere als um das Wohl des von ihnen vertretenen Volkes kümmern. Die nationalen Parlamente werden von jedem Entwurf eines Gesetzgebungsaktes unterrichtet (Art. 12 lit a EUV), allein schon um die Subsidiaritätsverantwortung (lit b) wahrnehmen zu können. Sie könnten somit das Subsidiaritätsprinzip zur Geltung bringen. Das aber pflegt auch der Deutsche Bundestag nicht zu tun, obwohl Deutschland allemal in der Lage ist, die Politik, welche die Union macht, selbst zu bewerkstelligen. Für Deutschland hat die Europäische Union keinerlei Notwendigkeit. Vielmehr dient diese der Einbindung Deutschlands und damit der Einschränkung der Souveränität der Deutschen und zugleich der Umverteilung vornehmlich deutscher Wirtschaftsleistungen auf die Mitgliedstaaten der Union, wie sich in der Finanz- und Staatsschuldenkrise erweist. Der Export der deutschen Unterneh-

---

71 Dazu K. A. Schachtschneider, Verfassungsbeschwerde Lissabon-Vertrag, 3. Teil, B bis H, Homepage KASchachtschneider.de, downloads
72 K. A. Schachtschneider, Verfassungsbeschwerde Lissabon-Vertrag, 3. Teil, H V.

men in die Unionsländer ist durch die Freihandelsregelungen der Weltwirtschaftsordnung (WTO) gesichert[73]. Darüber hinaus hat der Bundestag die Möglichkeit, jeden Rechtsetzungsakt der Union politisch zurückzuweisen. Seine Stellungnahmen hat die Bundesregierung bei ihren Verhandlungen in der Union aber nur zu berücksichtigen (Art. 23 Abs. 3 GG). Die ernsthafte auch öffentliche Befassung des Bundestages wie auch des Bundesrates mit der Politik der Union würde das demokratische Defizit der Unionsrechtsetzung für Deutschland deutlich mindern. Aber es fand trotz mancher Beteuerungen der Fraktionen auch vor dem Bundesverfassungsgericht nicht einmal vor den Beschlüssen über die gigantischen Gewährleistungen für die Kredite einzelner Mitgliedstaaten des Euroverbundes, welche nach Art. 115 Abs. 1 GG der formellgesetzlichen Ermächtigung bedürfen, statt. Weiterhin könnte der deutsche Gesetzgeber, was fast immer übersehen wird, das Zustimmungsgesetz zu den Verträgen nicht nur aufheben (BVerfGE 89, 155 (190); PdR, S. 75 f. mit w. H. in Fn. 303), sondern auch ändern und einschränken. Der Sache nach wird das Zustimmungsgesetz aus Verfassungsgründen auch in jeder Entscheidung des Bundesverfassungsgerichts über die Grenzen der Integration eingeschränkt, ohne daß das völkerrechtliche Probleme bereitet. Die Verträge haben in Deutschland eine andere Materie als in anderen Mitgliedstaaten. Das kann auch der Gesetzgeber bewirken; denn er vertritt das Deutschen Volkes in dessen Hoheit oder Souveränität. Die Völker, pflegt das Bundesverfassungsgericht zu sagen, sind „Herren der Verträge" (BVerfGE 89, 155 (190); 123, 267 ff., Rn. 231, 235, 271, 298, 334), nicht nur alle zusammen, sondern jedes einzelne. Die Souveränität ist keinesfalls mehr oder weniger auf die Gemeinschaft übergegangen. Eine Politik, die Deutschland nicht will, muß es nicht hinnehmen. Es ist der überzogene Europäismus der politischen Klasse, der dieser die Fähigkeit nimmt, Politik im Interesse Deutschlands zu machen. Das demokratische Defizit der Unionspolitik ist wesentlich ein Verantwortungsdefizit des Bundesgesetzgebers, ganz abgesehen von dem der Bundesregierung.

4. Die Politik wird von den wenigen Parteiführern bestimmt, nicht wirklich von den Abgeordneten, die zwar formal, nicht jedoch hinreichend material Vertreter des Volkes sind. Parteienstaaten sind eben nicht demokratisch, weil die Abgeordneten nicht unabhängig nach ihrem Gewissen entscheiden,

---

73 K. A. Schachtschneider, Verfassungsrecht der Europäischen Union, Teil 2, Wirtschaftsverfassung mit Welthandelsordnung, 2010, S. 478 ff.

wie das Art. 38 Abs. 1 S. 2 GG, die Magna Charta echter Volksvertretung, gebietet[74], sondern fraktionsgebunden, wie es ihre Parteiführer wollen. Das ist die Logik der Geschlossenheit der Parteien. Im Parteienstaat fehlt der Vertretung des Volkes die demokratische Substanz (Rprp, S. 772 ff., 1060 ff., 1184 ff., 1113 ff.; PdR, S. 45 ff., 176). Mag die politische Willensbildung in Deutschland und in anderen Ländern Europas formal demokratisch sein, material ist sie es nicht. Bloß formale Demokratie entartet zur Parteiendiktatur[75]. Schon den Gemeinschafts- und Unionsverträgen fehlte bzw. fehlt somit die demokratische Legitimation im freiheitlichen Sinne. Erst recht mangelt der sekundären und tertiären Gesetzgebung der Union diese Legalität. Damit verletzen das primäre und sekundäre Unionsrecht die Souveränität des Deutschen Volkes; denn die Freiheit des Volkes als dessen Souveränität kann nur demokratisch verwirklicht werden. Wenn die freiheitliche Legalität gewonnen werden soll, müssen alle Völker, auch das deutsche Volk, über die europäische Integration entscheiden können. Dem deutschen Volk wird aber die unmittelbar demokratische Abstimmung über sein Schicksal entgegen Art. 20 Abs. 2 S. 2 GG von der Parteienoligarchie verweigert. Solange die Deutschen über die Integrationsverfassung nicht direktdemokratisch abstimmen, ist die Integration nicht demokratisch legalisiert, abgesehen von den demokratischen Defiziten der europäischen Organisation selbst. Die Volksvertretungen entbehren somit in den Angelegenheiten der Union in den Strukturen der europäisch integrierten Parteienstaaten der Macht, die nach dem demokratischen Prinzip die politische Freiheit der Bürger gewährleistet (Rprp, S. 637 ff.), so daß sie die Integrationsverantwortung wahrnehmen könnten, die ihnen das Bundesverfassungsgericht im Lissabon-Urteil zu Recht zuspricht (BVerfGE 123, 267, Rn. 236 ff., 264, 365, 375, 409 ff.). Die Deutschen werden nach wie vor nicht als Bürger geachtet, sondern von der obrigkeitlichen Parteienoligarchie zu Untertanen degradiert. Es ist allerdings Sache der Deutschen selbst, die Unmündigkeit abzuschütteln und ihre Bürgerlichkeit zu behaupten[76]. Die selbstverschuldete Unmündigkeit der Menschen ist die Chance der Parteienoligarchie, die sich gar erdreistet, ihre propagandistische Desinformation Aufklärung zu nennen.

---

74 Dazu K. A. Schachtschneider, Res publica res populi, S. 810 ff.
75 K. Jaspers, Wohin treibt die Bundesrepublik? Tatsachen. Gefahren. Chancen, 1966, 10. Aufl. 1988, S. 141 ff., 146 ff., 194 ff.
76 Zum Postulat der Aufklärung Kant, Beantwortung der Frage: Was ist Aufklärung? ed. Weischedel, Bd. 9, S. 53 ff.

5. Das größte Übel für die allgemeine Freiheit der Bürger und Völker ist der Europäische Gerichtshof, der sich Gericht nennt, aber keines ist. Dafür fehlt ihm die demokratische Dignität. Seine usurpatorische Judikatur beweist, daß er ein Machtinstrument der politischen Klasse ist. Ohne demokratische Legitimation kann ein ‚Gericht' nicht im Namen eines Volkes oder mehrerer Völker Recht sprechen, sondern allenfalls im Interesse derer, welche die ‚Richter' für nur sechs Jahre und mit der Möglichkeit der Wiederwahl in das überbezahlte Amt ernennen, nämlich die Regierungen der Mitgliedstaaten der Union, die eigentlichen Widersacher der Völker, wenn auch von Minderheiten gewählt, regelmäßig aber Repräsentanten der Plutokratie, die in Parteienstaaten mittels der Medien die Macht haben[77]. Die Staatsgewalt der Völker ist somit nicht aufgehoben, sondern wird unterlaufen und ausgehöhlt. Ihre Ausübung ist entdemokratisiert und entrechtlicht. Die rechtsstaatliche Gewaltenteilung ist so gut wie beseitigt. Das beschädigt auch die Souveränität der Völker. Das Bundesverfassungsgericht hat zwar für die Übertragung der Hoheitsrechte mannigfache Grenzen genannt (BVerfGE 123, 267, Rn. 248 ff.), diese aber bisher nicht durch ein Urteil durchgesetzt. Die Souveränität läßt keine Übertragung von Hoheitsrechten an einen Staatenverbund zu, welche die existentielle Staatlichkeit des Volkes als dem existentiellen Staat schmälert (in diesem Sinne auch BVerfGE 123, 267, Rn. 226), erst recht nicht die Entwicklung eines Bundesstaates, der augenscheinlich die Souveränität verletzt und demokratie- und rechtsstaatswidrig agiert. Das Bundesverfassungsgericht hat im Lissabon-Urteil (Rn. 229) Grenzen eines Staatenverbundes benannt:

> *„Der Begriff des Verbundes erfasst eine enge, auf Dauer angelegte Verbindung souverän bleibender Staaten, die auf vertraglicher Grundlage öffentliche Gewalt ausübt, deren Grundordnung jedoch allein der Verfügung der Mitgliedstaaten unterliegt und in der die Völker - das heißt die staatsangehörigen Bürger - der Mitgliedstaaten die Subjekte demokratischer Legitimation bleiben",*

und zumindest den Kern der Verfassungsidentität, der sich begrifflich nicht wesentlich, allerdings in der Anwendung doch weitgehend von der existentiellen Staatlichkeit, wie ich sie konzipiere, unterscheidet, der Übertragung zur gemeinschaftlichen Ausübung der Staatsgewalt vorenthalten (Rn. 248 f.).

---

77 Klar schon O. Spengler, Der Untergang des Abendlandes, 1919/1923, S.1061, auch ders., Preußen und der Sozialismus, 1919, in: Politische Schriften 1919-1926, S 77.

6. Die Bürokratie hat aber die Tendenz zur Ausweitung ihrer Macht. Ihr Hebel ist die Propagierung und Etablierung der Einheitlichkeit der Lebensverhältnisse in der ganzen Union, auch durch den Euro, entgegen der Wirtschaftskraft der Mitgliedstaaten, letztlich die globale Ideologie des Egalitarismus. Diese wird und soll augenscheinlich zur allgemeinen Untertänigkeit der Bevölkerung als einer unmündigen Menge von Arbeitern und Verbrauchern, zur vollkommenen Entbürgerlichung der Völker, führen, durchaus ein Interesse der Oligarchen und Profiteure. Weil sie nicht demokratisch legitimiert und rechtsstaatlich defizitär ist, entwickelt die Bürokratie sich zur Diktatur. Für das friedliche Miteinander in Europa ist die Brüsseler Bürokratie gänzlich unnötig, erst recht der Europäische Gerichtshof. Die Vereinheitlichung der Lebensverhältnisse ist geradezu europawidrig. Gemeinsame Politik kann, wenn sie denn nötig ist, völkervertraglich vereinbart werden. Solche Verträge schmälern weder die Staatsgewalt des Volkes noch die Souveränität des Staates. Die Parlamente können übereinstimmende Gesetze beschließen, wenn sie übereinstimmendes Recht in der Union herbeiführen wollen.

Die Europa-, zumal die Europolitik will Schritt für Schritt die Nationalstaaten auflösen, ohne daß die Bürger darüber abgestimmt haben, ob sie ihre Staaten aufgeben und in einem Großstaat Europa in einer multikulturellen Europabevölkerung leben wollen. Insbesondere will die politische Klasse Deutschland als Gliedstaat in einem europäischen Bundesstaat aufgehen lassen, ohne das Volk, die Deutschen, um deren Zustimmung zu fragen. Das ist ein langgezogener Staatsstreich. Die Politik ist zudem undemokratisch und schadet dem Rechtsstaat, vor allem der Gewaltenteilung und dem Rechtsschutz, aber auch dem Sozialstaat, wie die Verarmung großer Teile der Bevölkerung erweist, insbesondere die hohe Arbeitslosigkeit. Das ist ausweislich des Art. 20 Abs. 4 GG ein Unternehmen, die Verfassungsordnung des Grundgesetzes zu beseitigen, also die Widerstandslage. Dagegen haben meine Mitstreiter und ich mehrfach das Bundesverfassungsgericht um Abhilfe gebeten. Die Souveränitätsdogmatik des Gerichts unterscheidet sich von meiner nicht substantiell, ist aber kaum ausformuliert. Das Gericht wahrt Spielräume der Opportunität. Die konkreten Entscheidungen helfen nur begrenzt, vor allem, weil der Rechtsschutz zu eng gezogen wird.

XIII Freihandel, Binnenmarkt und Währungsunion

Der Binnenmarkt, der der Freihandelsdoktrin folgt, nimmt den Völkern die Wirtschaftshoheit, die Währungsunion die Geldhoheit.

1. Die Europäische Union hat sich dem Freihandel, nämlich „der harmonischen Entwicklung des Welthandels, zur schrittweisen Beseitigung der Beschränkungen im internationalem Handelsverkehr und bei den ausländischen Direktinvestitionen sowie zum Abbau der Zollschranken und anderer Schranken" (Art. 206 AEUV), verschrieben, zumal in der Union „einem Raum ohne Binnengrenzen, in dem der freie Verkehr von Waren, Personen, Dienstleistungen und Kapital gemäß den Bestimmungen der Verträge gewährleistet ist" (Art. 26 Abs. 2 AEUV). Die Wirtschafts- und Währungspolitik ist dem „Grundsatz einer offenen Marktwirtschaft mit freiem Wettbewerb" verpflichtet, freilich heißt es empiristisch formuliert, aber normativ gemeint, weiter „wodurch ein effizienter Einsatz der Ressourcen gefördert wird" (Art. 119 Abs. 1 und 2, Art. 120 Abs. 1 S. 2 und Art. 127 Abs. 1 AEUV). Die offene Marktwirtschaft wird global und wiederum freihändlerisch verstanden[78]. „Freihandel" ist das große Argument für die vor allem rechtsstaatlich und demokratisch fragwürdigen Freihandelsabkommen der Europäischen Union, jetzt mit Kanada (CETA) und mit den Vereinigten Staaten von Amerika (TTIP), das alle Kritik an diesen Abkommen zu ersticken sucht, Abkommen, für die die Europäische Union trotz Art. 3 Abs. 1 lit. e AEUV („gemeinsame Handelspolitik") und trotz Art. 207 AEUV vor allem wegen der Souveränität der Mitgliedstaaten keine Zuständigkeit, schon gar nicht die ausschließliche Zuständigkeit hat, die der Europäische Gerichtshof in der AETR-Judikatur seit 1973 praktiziert[79].

Für komparative Vorteile echten Freihandels fehlen die Voraussetzungen. Die Freihandelsdoktrin gefährdet die Souveränität der Völker in hohem Maße. Der Begriff des Freihandels kaschiert unechten Freihandel, der wenigen nützt und den meisten schadet. Auch die neuen transatlantischen Abkommen werden den Nutzen der international agierenden Finanzoligarchie stärken, nicht den Wohlstand der Völker mehren. Die meist interessengebundenen, vielfach unkundigen Befürworter des Freihandels be-

---

78 Dazu K. A. Schachtschneider, Verfassungsrecht der Europäischen Union, Teil 2: Wirtschaftsverfassung mit Welthandelsordnung, S. 129 ff.
79 K. A. Schachtschneider, daselbst, S. 445 ff.

rufen sich auf eine Handelstheorie, die nie empirisch bewährt war oder zu falsifizieren versucht wurde oder auch nur werden konnte und schon lange nur noch als Modell in der Lehre genutzt wird. Diese Freihandelslehre ist auf David Hume, Adam Smith, David Ricardo und John Stuart Mill, auf große Staats- und Wirtschaftslehrer also, zurückzuführen und u. a. von Paul A. Samuelson, Wassily Leontief und Paul R. Krugman zusammen mit Maurice Obstfeld kritisch weiterentwickelt worden. Ein bedeutender Kritiker der doktrinären Freihandelslehre war schon in der Mitte des 19. Jahrhunderts Friedrich List, heute eines der meiststudierten Werke der Wirtschaftswissenschaft in China. Weiterführende Kritik hat vor allem Joseph Stiglitz vorgetragen[80]. Die optimale Allokation der Ressourcen wegen der komparativen Vorteile des Freihandels, das Ricardo-Modell, und die durch diese bedingte Mehrung des allgemeinen Wohlstandes setzt selbst in den Modellen Märkte aller am Freihandel beteiligten Länder mit vollständiger Konkurrenz voraus. Selbst in diesen Modellen bedarf es komparativer Vorteile, die der Freihandel, immer eingebunden in eine vielfältige wirtschafts-, währungs- und sozialpolitische Ordnung, nicht als solcher mit sich bringt, auf die aber die Unternehmenspolitik der handeltreibenden Länder, insbesondere durch Liberalisierungsmaßnahmen, hinwirken kann. Die Produktion in Ländern mit (extrem) niedrigen Arbeitskosten mit dem Kapital und mit dem Wissen, das ganz oder zum Teil aus den Ländern mit hohen Arbeitskosten stammt, bringt jedenfalls keine komparativen Vorteile mit sich, wenn der Handel in den Hochlohnländern zur Arbeitslosigkeit führt, im übrigen auch nicht, wenn das in den Hochlohnländern erwirtschaftete Kapital in die Niedriglohnländer abfließt. Die Hochlohnländer werden von den multinationalen Unternehmen gemieden, sind aber Abnehmer der kostengünstigen Produkte aus den Niedriglohnländern, im übrigen weitgehend zu ihrem weitaus höheren Preisniveau. Die Gewinne sind hoch. Um die Arbeitslosigkeit in den Hochlohnländern zu vermeiden, müssen deren Produkte auch in den Niedriglohnländern in der Menge abgenommen werden, die zumindest langfristig zu einem Zahlungsbilanzausgleich führt, auf den freilich auch die Währungspolitik Einfluß hat. Das Modell der komparativen Vorteile fingiert, daß alle Faktoren einer Volkswirtschaft, also Kapital und Arbeit, aber auch Grund und Boden sowie technisches und betriebswirtschaftliches Wissen, zum vollen Einsatz kommen und verspricht keine

---

80 Dazu K. A. Schachtschneider, daselbst, S. 430 ff.

allseitige Wohlstandsmehrung im Falle relevanter Arbeitslosigkeit, der Störung des gesamtwirtschaftlichen Gleichgewichts also, der wirtschaftlichen Instabilität eines Landes.

Freihandel eines Landes mit hoher Arbeitslosigkeit wegen der geringen Flexibilität der Arbeitskosten, der Lebenshaltungskosten insgesamt, bringt keinen komparativen Vorteil, sondern einseitig absolute Vorteile und einseitig absolute Nachteile. Das gilt jedenfalls im Verbund mit einer Kapitalverkehrsfreiheit, die es erlaubt, den Faktor Kapital, der im eigenen Lande aktiviert zu einem komparativen Vorteil führen könnte, in das konkurrierende und kooperierende Land, das schon über den Vorteil geringer Arbeitskosten verfügt, einzusetzen. Das ist die Lage Deutschlands und wohl auch der Vereinigten Staaten von Amerika. Die Verlagerung der Produktion in die Billiglohnländer ist somit allein eine Frage der Kapitalrendite oder eben der Ausbeutung der Arbeitskräfte, nicht eine Wohlstandssteigerung aufgrund komparativer Vorteile des internationalen Handels, modelltheoretisch, erst recht nicht in der Wirklichkeit. Von Freihandel der internationalen Unternehmenstätigkeit zu sprechen, um diese zu legitimieren, ist Etikettenschwindel. Es handelt sich um unechten Freihandel, eine Form der Ausbeutung, ermöglicht durch eine gemeinwohlferne Politik.

„Politiker und Ökonomen, die versprechen, daß alle Menschen vom Abbau der Handelsschranken profitieren werden, sind unehrlich. Laut Wirtschaftstheorie (und historischer Erfahrung) ist das Gegenteil richtig" (Joseph Stiglitz[81]). Die Gewinne, welche die international agierenden Unternehmen aus dem grenzüberschreitenden Handel, euphemistisch Freihandel genannt, ziehen, sind nicht schon Vorteile des einen oder anderen Landes. Die Vor- und Nachteile sind nicht betriebs-, sondern volkswirtschaftlich zu berechnen. Volkswirtschaftlich müssen diese Transferleistungen für Arbeitslose oder gering Beschäftigte den Preisen für die Waren und Dienstleistungen hinzugerechnet werden. Die importierten Güter kosten die auf hohem Preisniveau verbrauchenden Länder mehr als wenn sie im eigenen Land mit den dort üblichen Arbeitskosten produziert worden wären, obwohl sie für den einzelnen Verbraucher preisgünstig sind. Immer ist die volkswirtschaftliche (makroökonomische) von der betriebswirtschaftlichen (mikroökonomischen) Betrachtung zu unterscheiden. Die unvollkommene Konkurrenz der realen internationalen Märkte führt nicht zur opti-

---

81 Die Chancen der Globalisierung, S. 104 bzw. S. 99, Fn. 14, bzw. S. 97, auch S. 10, 136.

malen Allokation der Ressourcen aufgrund komparativer Vorteile, so daß dieses Modellargument für den Freihandel kraftlos ist. Eine gegen- oder allseitige Mehrung des Wohlstandes ist aus dem internationalen Handel der (sogenannten) Globalisierung nicht zu erwarten (P. A. Samuelson[82]). Festzustellen sind außerordentliche Profite der multinationalen Unternehmen, welche mit gewinnorientierter Standortwahl für ihre Betriebe verbunden sind. Die multinationalen Unternehmen sind gewissermaßen eine Variante des Außenhandels. Selbst wenn deren Tätigkeit im Ausland das Bruttosozialprodukt wachsen und das Pro-Kopf-Einkommen (ein reines Rechenwerk) steigen läßt, führt das nicht zu mehr Wohlstand für die Bevölkerungen, sondern allenfalls zu höheren Einkommen kleiner Gruppen (A. G. Scherer[83]). Vor allem profitieren die Unternehmen und deren Anteilseigner sowie einige wenige Manager von den Profiten (shareholder value). Kapitaleigner leben selten in den Ländern, in denen die gering bezahlten Arbeitskräfte produzieren, etwa in Bangladesh, Vietnam, Kambodscha oder auch in Indien und Afrika, sondern meist in den Vereinigten Staaten von Amerika, in den Ölstaaten des Nahen Ostens, aber mehr und mehr auch in China oder auch in einige Staaten Europas, wie in Deutschland, und lassen ihr Kapital über Versicherungen, Banken, Fonds dort einsetzen, wo die größte Rendite zu erwirtschaften möglich ist, meist in Schwellenländern, in denen wegen hinreichender Ausbildung und hinreichender Armut nicht nur brauchbare, sondern vor allem billige Arbeitsleistungen erbracht werden. Gestützt durch die Staaten, welche auf das Auslandskapitel angewiesen sind und, meist wenig freiheitlich, für Disziplin und Ordnung sorgen.

Die freiheitlichen Staaten, in denen (vergleichsweise) demokratische und rechtsstaatliche Verhältnisse hinreichende soziale Gerechtigkeit, also auf der Grundlage der Gleichheit an Bedarf, an Leistung und durchaus auch am Markt orientierte Verteilung gewährleisten, sind nicht die bevorzugten Standorte arbeitsintensiver Produktion. Ermöglicht wird dieses Geschäft einerseits durch die globale Kapitalverkehrsfreiheit für das Kapital der (sogenannten) westlichen Welt, aber auch der Ölstaaten, insbesondere gestützt auf Art. 63 Abs. 1 AEUV, und zum anderen durch die (weitgehende) Warenverkehrs- und Dienstleistungsfreiheit der Welthandelsorganisation.

---

82 Where Ricardo and Mill Rebut and Confirm Arguments of Mainstream Economists Supporting Globalization, in: The Journal of Economic Perspectives, Vol. 18, Nb. 3, Summer 2004, Page 135 ff.
83 Multinationale Unternehmen und Globalisierung, 2003, S. 79 f., 80 ff.

Die Unternehmens- und auch die Einkommensteuern, aber (tendenziell) auch die Sozialabgaben werden gesenkt, um auch den Standort Deutschland für die Kapitalverwertung attraktiv zu machen. Die verarmte Bevölkerung zahlt zum Ausgleich höhere Umsatz(Mehrwert)steuern. Die Einkommen gerade der Geringverdiener haben drastisch abgenommen. Der Sozialstaat wird durch diese Kostensenkungs- und Verarmungspolitik ruiniert.

Eine der Lage gemäße Schutzpolitik auf der Grundlage des Freihandels hat schon Friedrich List 1841 empfohlen, der die „ewigen Deklamationen über die unermeßlichen Vorteile der absoluten Handelsfreiheit und die Nachteile des Zollschutzes" ironisiert hat[84].

Weitere Aspekte des unechten Freihandels habe ich an anderer Stelle dargelegt[85].

2. Deutschland hat Industrien, deren Produkte am Weltmarkt wettbewerbsfähig sind, etwa im Automobil- und vor allem im Maschinenbau, und vermag sogar (noch) Jahr für Jahr Exportüberschüsse zu erwirtschaften. Deren wesentlicher Grund ist zurzeit die für Deutschland weit unterbewertete Währung, also ein unsittliches Preisdumping. Selbst im erfolgreichsten Exportland verarmen jedoch breite Bevölkerungskreise, weil die den Unternehmensgewinnen entsprechenden Entgelte den Arbeitnehmern vorenthalten werden. Deutschland ist in Relation zu den Lebenshaltungskosten im übrigen kein Hochlohnland, ist aber noch stark industrialisiert, hat noch eine leistungsfähige kostengünstige Arbeitnehmerschaft und hat vor allem gegenüber den anderen Mitgliedern des europäischen Binnenmarktes den Vorteil einer stark unterbewerteten Währung. Die Politik Deutschlands betreibt geradezu systemisch den Abbau des Industriestandortes Deutschland durch Vernachlässigung der Infrastruktur, Verteuerung der Energie, Vernachlässigung anspruchsvoller Ausbildung in Schulen, Hochschulen und auch in der beruflichen Bildung, Vernachlässigung der vierten industriellen Revolution, Vernachlässigung des Rechtsstaates, Überforderung der Finanzkraft der Steuerzahler, Verfremdung der Bevölkerung u.a.m.

Deutschland ist (noch) exportfähig, ja exportstark, so daß noch nicht das fragwürdig berechnete Sozialprodukt, aber doch deutlich die Kaufkraft der Bevölkerung langsam, aber doch stetig sinkt. Der Export der deutschen

---

84 Das nationale System der politischen Ökonomie, 3. Aufl. 1920, S. 415 ff.),
85 Unechter Freihandel, Aufklärung und Kritik, 1/2015, S. 14 ff.; auch Verfassungsrecht der Europäischen Union, Teil 2: Wirtschaftsverfassung mit Welthandelsordnung, S. 430 ff.

Wirtschaft ist noch stark, aber, wie gesagt, nur, weil Deutschland wie auch Österreich und andere nördliche Mitglieder der Eurozone durch die in ihren Land weit unterbewertete Währung in der Europäischen Union und auch am globalen Markt begünstigt wird. Die Kosten der leistungswidrigen Währung trägt die Bevölkerung, deren Spareinlagen nicht verzinst werden, deren Lebensversicherungen sich nicht rentieren, deren Lebenshaltungskosten steigen, deren Einkommen sinken, deren Steuern und Gebühren steigen und deren Land verfällt. Die Sozialdividende der Aufwertung wird den Deutschen vorenthalten. Die krassen Unterschiede der Kosten für die Arbeit und der am Markt in anderen Regionen erzielbaren Preise ermöglichen außerordentliche Kapitalrenditen. Unbeirrt von der Finanzkrise agieren die Banken und Scheinbanken mit den ‚erfolgreichen' Handlungsweisen fort, weil die Geldpolitik es ihnen weiter ermöglicht, ja dies sogar durch die Übernahme der Risiken privater Geldschöpfung durch die Zentralbanken essentiell fördert. Die in (mehr oder weniger) geschlossenen Volkswirtschaften normale Nähe der Preise zu den Kosten, das Optimum der Grenzkostenpreise des Modells der vollständigen Konkurrenz, ist verloren.

Wohlstandsmehrung wird auch vom globalen Wettbewerb erwartet. Das mag im Modell der vollkommenen Konkurrenz richtig sein, aber dieses Modell entspricht nicht der Wirklichkeit und entsprach ihr nie. Auch dem unvollkommenen, aber (vermeintlich) funktionsfähigen Wettbewerb wird eine Wohlstandsmehrung nachgesagt. Freilich wird dem auch widersprochen, mit weitaus mehr Überzeugungskraft. Das Unionsrecht folgt mit dem Prinzip des „wirksamen Wettbewerbs" dem interventionistischen Konzept des funktionsfähigen Wettbewerbs weiter Oligopole und ist darauf ausgerichtet, durch internationalen Wettbewerb ebenfalls „günstige Auswirkungen" zu erzielen. Abgesehen davon, daß es kein internationales Wettbewerbsrecht gibt, das irgendwelche Ziele zu erreichen vorgeschrieben hätte, geschweige denn die Zielerreichung bewirken könnte, ist die Konkurrenz der Unternehmen aus unterentwickelten, wenig entwickelten und entwickelten oder gar hochentwickelten Volkswirtschaften überhaupt kein Wettbewerb im Rechtssinne; denn es mangelt an der dafür erforderlichen Chancengleichheit am Markt. Das sind vielmehr (illegale) zweiseitige Ausbeutungsverhältnisse, wie oben ausgeführt, die einem Dritten, den Kapitaleignern (und deren Lakaien in der Politik), Vorteile bringen, sonst niemandem.

Der Souveränität der Bürger entspricht der unechte Freihandel, den die Europäische Union auf ihre Fahnen geschrieben hat, in keiner Weise, in keinem der beteiligten Länder. Demgemäß ist der Binnenmarkt nicht nur ein ökonomischer Mißgriff, sondern auch eine Verletzung der Souveränität der Bürger, aller Bürger der Mitgliedstaaten der Europäischen Union. Er liefert durch die harte Handhabung der sogenannten Grundfreiheiten durch den Europäischen Gerichtshof die Bürger der Staaten mit schwächeren Volkswirtschaften schutzlos dem Wettbewerb mit den Unternehmen der starken Volkswirtschaften aus. Das ist eine wirtschaftliche Intervention, die durch die Integrationspolitik keine Rechtfertigung zu finden vermag. Sie ist Wirtschaftskrieg. Die Schäden und Kosten haben die Eurorettungsversuche vor Augen geführt.

3.   Von alters her gehört die Währungshoheit zu den zentralen Souveränitätsrechten. Das gute Leben der Bürger, das gemeine Wohl, hängt von der Stabilität der Wirtschaft ab. Zu dieser gehört essentiell die richtige Währung, wie sich in diesen Jahren wieder einmal erweist. Wirtschaft, Währung und Soziales sind eine staatliche und eine volkwirtschaftliche Einheit, die nicht auseinander gerissen werden können. Nur als Einheit können sie demokratisch geordnet sein. Ein Staat zielt auf einheitliche Lebensverhältnisse. Darum können heterogene Volkswirtschaften nicht ohne großen Schaden, vor allem für die schwächeren, zusammengezwungen werden. Der staatswidrige Finanzausgleich wird sonst unausweichlich und ruiniert alle. Im übrigen ist die Europäische Union zu groß, als daß sie demokratisch sein könnte.

Jetzt soll der Strukturfehler der Währungsunion, der Binnenmarkt ohne Staat, behoben und die politische Union geschaffen werden, die Haftungs-, Schulden- und Finanzunion. Die Transferunion wird geradezu vollendet. Aber das ist endgültig der europäische Bundesstaat, ja der zum Zentralismus führende Unionsstaat, dessen wesentliche Agenda die Umverteilung des in den Mitgliedstaaten erwirtschafteten Vermögens in der ganzen Union mit dem Ziel der für einen Bundesstaat typischen einheitlichen Lebensverhältnisse ist. Wirtschaftlich ist das nicht zu schultern. Diese Politik kann nicht einmal eine ordentliche Vertragsordnung begründen. Es bedarf des durch Volksabstimmungen ermittelten Willens der Völker, ihre Eigenstaatlichkeit zugunsten einer europäischen Schicksalsgemeinschaft, also eines Unionsbundesstaates, aufzugeben, also eines Verfassungsaktes des deutschen Volkes. So hat das auch das Bundesverfassungsgericht ausgesprochen (BVerfGE 123, 267, Rn. 179, 228, 263). Davor kann man um der Freiheit willen nur warnen.

Die stetige Euro-Rettungspolitik ist mit fundamentalen Grundsätzen des Grundgesetzes unvereinbar, nämlich erstens mit dem Sozial(staats)prinzip, zu dessen Kern die Verpflichtung des Staates gehört, die wirtschaftliche Stabilität zu wahren und zu fördern, die aber durch die Schulden-, Haftungs- und Finanzunion, die zur enteignenden Inflation, wenn nicht zur Währungsreform führen wird, ruiniert werden wird, zweitens mit dem demokratischen Prinzip, weil die Völker weiter existentiell entmachtet und entstaatlicht werden und der Union, insbesondere dem ESM, die keine demokratische Legalität haben, weitestgehend die schicksalhafte Währungs-, Wirtschafts- und Finanzpolitik übertragen wird, drittens mit dem Rechtsstaatsprinzip, weil der Verpflichtungen und finanziellen Belastungen Deutschlands durch die Gewährleistung der Refinanzierung des ESM und die Ermächtigungen der internationalen Gremien so gut wie unbestimmt sind, viertens mit der Eigentumsgewährleistung, weil die Vermögen der Deutschen, der Reichen und der Armen, durch die Finanzierung fremder Völker entwertet werden, und fünftens, weil das Recht der Deutschen auf Recht, nämlich auf Achtung des Grundgesetzes jedenfalls im Verfassungskern, mißachtet wird.

Die Währungseinheit ist der Versuch, die wachsende ökonomische Divergenz der Volkswirtschaften der Mitgliedstaaten der Europäischen Union im Binnenmarkt durch eine weitere schwere Souveränitätsverletzung abzufangen und auszugleichen, nämlich durch die Nivellierung der Zinsunterschiede. Der Versuche ist krachend gescheitert, aber die Integrationspolitik versucht das Projekt Euro zu verteidigen. Der Euro ist zur Staatsräson „Europas" stilisiert worden. Die Schäden sind unermeßlich. Ich habe alle Verfassungsprozesse gegen die Eurorettungspolitik geführt und führe sie noch. Auf meine Schriftsätze und Schriften, die sich durchgehend auf die Souveränität der Deutschen, auf ihre Freiheit, die demokratisch verwirklicht werden muß, stützen, will ich hier zur Vermeidung von Wiederholungen verweisen[86].

---

86 Insbesondere: Die Rechtswidrigkeit der Euro-Rettungspolitik. Ein Staatsstreich der politischen Klasse, 2011; aber auch: Die Souveränität Deutschlands, 2012, S. 246 ff.; Souveränität, 2015, S. 501 ff.; ders., Sachverhalt zum Ende des Euro-Abenteuers. Entwicklung der Eurorettungspolitik seit 2010 und Der letzte Akt des Euro-Abenteuers. Unrecht und Unvernunft des Europäischen Stabilitätsmechanismus (ESM) in: Das Euro-Abenteuer geht zu Ende. Wie die Währungsunion unsere Lebensgrundlagen zerstört, 2011, zusammen mit Wilhelm Hankel, Wilhelm Nölling, Dieter Spethmann, Joachim Starbatty, S. 104 ff., 142 ff.; die Schriftsätze der Verfassungsprozesse finden sich in meiner Homepage KASchachtschneider.de

Nur eines sei gesagt: Das Einstehen des einen Volkes für die Schulden eines anderen ist mit der Souveränität beider Völker unvereinbar. Einerseits wird die nationale Stabilität des kreditierenden Staates gefährdet. Andererseits wird die Selbstbestimmung des kreditierten Volkes durch die Bindung an „strenge Auflagen", die der für die Eurorettung eigens eingeführte Art. 136 Abs. 3 AEUV ebenso staatsrechts- wie völkerrechtswidrig zur Umgehung des Bail-out-Verbots des Art. 125 AEUV anordnet, als „Gegenleistung für die Kredite und Gewährleistungen ausgehöhlt. Die Finanzierung fremder Staaten verstößt nicht nur gegen das Bail-out-Verbot, sondern ist staatswidrig. Die Bürger zahlen Steuern, um ihren Staat, mittels dem sie das gemeine Wohl verwirklichen wollen, zu finanzieren, nicht den Staat anderer Völker, schon gar nicht deren Banken.

XIV Schlußbemerkungen

Auch ohne die Sorge um die Souveränität oder die existentielle Staatsgewalt des deutschen Volkes irritiert die oben zitierte Aussage Wolfgang Schäubles. Was meint er eigentlich? Nahe liegt, daß er, zwar Jurist, aber doch vor allem Politiker, dem Wahrheitlichkeit und Ehrlichkeit im Parteienstaat verwehrt sind, nicht recht mit dem Souveränitätsbegriff umgehen kann und die völkerrechtlichen Verbindlichkeiten, die jeder Staat eingeht und die seine Souveränität nicht beschränken, sondern verwirklichen, mit einer Schmälerung der Souveränität verwechselt. Vielleicht sieht er die vermeintliche Supranationalität, die Zugehörigkeit zu den Vereinten Nationen und zur NATO und andere völkerrechtliche Bindungen entgegen dem Bundesverfassungsgericht, wie dargelegt (klar BVerfGE 123, 267, Absatz 229), als Minderung der Souveränität. Daß die Souveränität in „in Europa längst ad absurdum geführt" sei, erweist sein Wissensdefizit und seine Unkenntnis der Verfassungsrechtsprechung genau zu der Politik, die er von Amts wegen betreibt und bei der er an die Erkenntnisse des Bundesverfassungsgerichts von Verfassungswegen gebunden ist. Schließlich kann er sich nach aller Erfahrung darauf einrichten, daß die Bürger genannten Untertanen von dem zur politischen Klasse gehörenden Verfassungsrichtern in Sachen der großen Politik keinen wirksamen Rechtsschutz bekommen.

Seine Äußerung kann aber auch tiefer gehen und einräumen wollen, daß Deutschland im Gegensatz zu anderen Vertragspartnern der Union noch immer nicht souverän ist und diese Bindungen nicht aus eigenem Recht übernimmt, sondern einzugehen verpflichtet ist, daß Deutschland also in irgendeiner Weise noch unter Kriegsfolgenrecht steht. Schließlich ist Deutschland nach wie vor Feindstaat (Art. 53, 107 UN-Charta). Aber die europäische Integration dient zwar auch und wesentlich der Einbindung Deutschlands, hat aber keine Maßnahmen der Siegermächte zum Gegenstand, zumal jedenfalls äußerlich weder die USA noch Rußland an den Integrationsmaßnahmen beteiligt sind. Die Zugeständnisse, welche die Bundeskanzler, wenn sie ihr Amt antreten, gemäß der Kanzlerakte machen oder machen sollen, von denen Egon Bahr in der Jungen Freiheit berichtet hat[87], betreffen das Besatzungsrecht, das Deutschland nicht nachträglich ins Unrecht setzen darf. Das schließt aber nicht aus, daß Deutschland die Vorschriften für die Zukunft ändert, was schon mehrfach geschehen ist. Weitaus bedeutsamer als die Sorge um die rechtliche Souveränität ist die innere Abhängigkeit der politischen Klasse Deutschlands von den Interessen fremder Staaten, die nicht wagt, eine Politik zum Wohle Deutschlands zu betreiben, wie das für jedes andere Land selbstverständlich ist. Die innere und wohl auch die nicht recht sichtbare äußere Fremdbestimmtheit der Politiker Deutschlands, ideologisiert in der in der Schuldkultur gründenden Kultur des Gutmenschentums, schadet Deutschland außerordentlich. Die Unterwerfungspolitik erfährt gegenwärtig in der Euro-Rettungspolitik und als Asyl- und Flüchtlingspolitik kaschierten Einwanderungspolitik einen neuen Höhepunkt, den man als Staatsstreich der politischen Klasse kritisieren muß; denn sie will ohne und gegen den Willen des Deutschen Volkes einerseits den Unionsstaat erzwingen, vermeintlich um den schon in seiner Anlage überaus schädlichen Euro zu verteidigen, und andererseits das Deutsche des deutschen Volkes ausmerzen. Das die unerreichbare Stabilität der einheitlichen Währung in dem dafür unzureichende Währungsraum und der Schutz von politisch Verfolgten und vor Kriegs- und Bürgerkriegsbedrohungen subsidiär Schutzbedürftigen nicht der wirkliche Grund dieser Politik ist, sondern die Auslöschung der Völker, der Wechsel von einer nationalen Staatenwelt jedenfalls in Europa zu postnationalen Ordnungen,

---

87 Souveränität – Lebenslüge der Bundesrepublik, Interview mit der Jungen Freiheit, JF vom 14. Oktober 2011, S. 3.

dürfte jedem, der sich einen kritischen Verstand bewahrt hat, klar sein. Gegen diesen Staatsstreich ist Widerstand geboten. Widerstand verteidigt das Recht. Er muß das rechte Maß wahren, also, solange es irgend geht, gewaltlos im Sinne Mahatma Gandhis mittels Demonstrationen, Wahlen, Verfassungsbeschwerden, notfalls massenhaften Arbeitsniederlegungen erfolgen.

Wenn Deutschland nicht souverän ist, dann herrscht ein anderer Staat oder eine Staatengemeinschaft oder eine Person oder Personengruppe, irgendeine Macht, über Deutschland und die Parteioligarchie handelt nicht als Vertreter des deutschen Volkes. Ihre Politik jedenfalls dient nicht dem Wohl des Deutschen Volkes, mehrt nicht dessen Nutzen, sondern schadet ihm, wahrt und verteidigt weder das Grundgesetz noch die Gesetze des Bundes, erfüllt seine Pflichten nicht gewissenhaft und übt nicht Gerechtigkeit gegen jedermann, wie es der Amtseid den Regierungsmitgliedern ausweislich Art. 64 Abs. 2 GG in Verbindung mit Art. 56 Abs. 1 GG vorschreibt. Vielmehr dient sie fremden Interessen. Die Deutschen haben mächtige Widersacher ihrer Souveränität, ihrer Freiheit, im Ausland, im Inland, in der Regierung, im Parlament, in den Gerichten, in den Medien, vor allem in der Europäischen Union. Das läßt sich nicht kaschieren. Die Bürger sind verunsichert, sorgen sich aber um ihr Geschick und das ihrer Kinder und Kindeskinder.

Wer die Souveränität der Völker verteidigt, verteidigt die Freiheit der Bürger, verteidigt den Frieden in der Welt. Der politische Kampf geht nach wie vor um die Souveränität. Diese hat mächtige Feinde, die Feinde der Freiheit. Die Revolution als Befreiung zum Recht wäre die Auflösung der Europäischen Union oder besser deren Rückbau zu einem wirklichen Staatenbund[88], der Umsturz die weitere Festigung der bürokratischen Diktatur derselben. Das Widerstandsrecht des Art. 20 Abs. 4 GG, ein verfassungsbeschwerdefähiges Grundrecht, ist das letzte, aber auch das einzige Mittel der Deutschen, um ihre Souveränität zu verteidigen. Ihre Freiheit macht ihnen Widerstand zur Pflicht. Aber Pflicht ist auch das rechte Maß im Widerstand, das Grundprinzip des Rechts – die Gewaltlosigkeit.

---

88 Ganz so V. Klaus, Es ist Zeit umzukehren, Handelsblatt Nr. 144 vom 27./28./29. Juli 2012, S. 72.

Jost Bauch

Der lange Abschied vom Nationalstaat

Anmerkungen zur Destruktion der Nation

Die soziale Ordnungsform des Nationalstaates ist in der Krise. Wir wollen fragen, wie es zu dieser Krisis gekommen ist und ob sich irgendeine neue Ordnungsform des Politischen herausbildet oder überhaupt herausbilden kann, die an die Stelle dessen treten kann, was wir als Nationalstaat bezeichnen.

Wie Max Weber nachwies, hat es Staat und Nationalstaat im Sinne des rationalen Staates nur im Okzident gegeben. Der rationale Staat als anstaltsmäßiger Herrschaftsverband mit dem Monopol legitimer physischer Gewaltsamkeit hat viel mit der Herausbildung der „okzidentalen Rationalität" insbesondere in der kapitalistischen Produktionsweise zu tun, die Rechenhaftigkeit kapitalistischer Ökonomie konnte sich nur durchsetzen auf der Basis legaler Herrschaft, die der rationale und bürokratisch organisierte Verwaltungsstaat sicherstellte. Das Kapital mit seinen Akkumulationsgesetzen war existentiell auf die Funktionsweise des rationalen Staates angewiesen. Dies scheint sich heute geändert zu haben. Das moderne globalisierte Finanzkapital sieht funktionierende Nationalstaaten eher als Hindernis seines Prozessierens. Das Junktim zwischen Staat und Kapitalismus scheint zerbrochen, die Krise des Staates ist in weiten Teilen auf das Zerbrechen dieser Koalition zurückzuführen. Doch später davon mehr.

Die Wurzeln des Nationalstaates reichen weit zurück. In Europa liegen diese Wurzeln im antiken Griechenland, als die Komplexität des Politischen nicht mehr rückhaltlos an Stammes- und Verwandtschaftsverhältnisse zurückgebunden werden konnte, eine genuine Seinssphäre des Politischen entstand, eine von Abstammungsverhältnissen relativ unabhängige politische Öffentlichkeit, die für sich in Anspruch nahm, für ein bestimmtes Territorium samt inkludierter Bevölkerung kollektive Entscheidungen im Sinne des „Summum bonum" zu regulieren. Die Polis war geboren. Das war zwar noch kein Staat im modernen Sinne, aber die Idee der rationalen Abwicklung des Politischen war entstanden. Definitiv setzte sich die moderne Staatsform im Übergang vom mittelalterlichen Patrimonial- und Personenverbandsstaat im auslaufenden Mittelalter zum institutionellen Flächenstaat gegen Ende des 15 Jahrhunderts (zuerst in Frankreich) durch, erst als absolutistischer Fürstenstaat, schließlich mit Einbezug konstitutioneller Komponenten als rational organisierter Flächen- und Volksstaat. Historisch gesehen sind 4 Staatstypen zu unterscheiden, die sich nacheinander entwickelt haben, wir folgen hier der historischen Staatstypologie von Otto Hintze. Wir unterscheiden zwischen

1) Den souveränen Machtstaat im Rahmen des europäischen Staatensystems
2) Dem relativ geschlossenen Handelsstaat mit bürgerlich-kapitalistischer Herrschaftsform
3) Dem liberalen Rechts- und Verfassungsstaat mit Richtung auf die persönliche Freiheit des Individuums, sowie
4) Dem alle dies Tendenzen umfassenden und sie steigernden Nationalstaat.

Das Konzept der Nationalstaaten unterstellt, dass sich jede Nation einen eigenen eben nationalen Staat schafft, wie der Staat als politischer Willensausdruck eines Volkes die Nation erst schafft und konstituiert. Jede Nation ein Staat, jeder Staat eine Nation, gerade so, wie das der Schweizer Staatsrechtler Johann Caspar Bluntschli formuliert hat: „ Jede Nation ist berufen und daher berechtigt, einen Staat zu bilden. Wie die Menschheit in eine Anzahl von Nationen geteilt ist, so soll die Welt in ebensoviele Staaten zerlegt werden. Jede Nation ein Staat. Jeder Staat ein nationales Wesen". Und Pasquale Mancini, Außenminister von Italien war sich Ende des 19. Jahrhunderts ganz sicher: ein Staat, in dem viele Nationalitäten zur Einheit gezwungen seien, sei kein politischer Organismus, sondern ein lebensunfähiges Ungeheuer. Für Hegel war das Leben der Nationen ohne Staat lediglich „Vorgeschichte", der Geist ist noch nicht zu sich selbst gekommen. Die Staatsrechtler und Philosophen formulierten diese Aussagen normativ, sie bestimmten auch die Vorstellung vom Nationalstaat im gesamten 19

Jahrhundert, wenn auch die Realität in vielfacher Hinsicht anders aussah. Gleichwohl hat sich das Nationalstaatskonzept weitgehend insbesondere in Europa und dann in der ganzen Welt durchgesetzt.

Dieser Nationalstaat wird in heutiger Zeit von 2 Seiten in die Zange genommen: Zum einen von dem realpolitischen Prozess der zunehmenden politischen und ökonomischen Globalisierung und zum anderen durch vorwiegend ideologische Prozesse, wie der Theorie des Konstruktivismus und der „Vergesellschaftung" des Staates durch eine hypertrophe Sozialpolitik, die von der Theorie der Daseinssteigerung und des „Massenlebenswertes" (Gehlen) in einer Wohlfahrtsdemokratie ihre Legitimation bezieht. Beide Prozesse sind dabei auf das Engste verwoben und sorgen jeweils auf ihre Weise dafür, dass der Nationalstaat, so wie wir ihn kennen, sturmreif geschossen werden kann.

Betrachten wir zunächst die Globalisierungsprozesse. In diesem Zusammenhang darf ich auf das Buch von Frank Schirrmacher „Ego , das Spiel des Lebens" aufmerksam machen. Hier schildert der Autor, wie von Seiten des US-Amerikanischen Finanzkapitals mittels der im kalten Krieg entwickelten Spieltheorie das Projekt des weltweit gültigen „homo oeconomicus" – Prinzips durchgesetzt werden soll. Der Homo oeconomicus ist der seinen Nutzen kalkulierende und optimierende Mensch, er ist marktkonform vergesellschaftet und der optimale Resonanzboden für Verwertungsbedingungen des Kapitals. Um die Durchsetzung dieses homo-oeconomicus –Prinzips ist nach Schirrmacher „ein neuer kalter Krieg zwischen den demokratischen Nationalstaaten und den globalisierten Finanzmarktkörpern entstanden. Schirrmacher schreibt wörtlich: „Bürger und Staat haben keine Souveränität mehr sondern „spielen" sie nur. Dazu werden Parlamente zu Staffagen und Öffentlichkeit zu Echoräumen, die man anspricht, um in Wahrheit Märkte anzusprechen". Phillip Bobbitt, Berater von Bill Clinton und George Bush, Mitglied im nationalen Sicherheitsrat betont in diesem Zusammenhang, dass eine neue konstitutionelle Ordnung im Werden ist, die den Nationalstaat ablösen wird, neu im entstehen ist ein „Informations-Markt-Staat". Dabei werden die alten Staaten durch Märkte delegitimiert. Staaten müssen zunehmend finanz-markt-konform agieren, sonst werden sie abgestraft. Ihre Bonität wird von zweifelhaften im Dienst des Finanzkapitals stehenden Rating-Agenturen herunter- oder heraufgesetzt mit gravierenden Folgen für ganze Volkswirtschaften. Das Kapital will dabei den direkten Zugriff auf den Endkonsumenten, da stört als intermediäre Instanz ein intervenierender Nationalstaat, der eine eigene Wirtschafts- und Sozialpolitik betreiben will und gegebenenfalls Einkommensanteile des Endverbrauchers vor dem möglichen Zugriff des Kapitals abschöpft. Aktuell ist der Daten-Sammel Skandal der NSA vor diesem Hintergrund zu sehen. Der Skandal ist Teil eines vom Finanzkapital inaugurierten „big-brother-Projektes", zur Finanzspekulation gehört das weltweite Ausspionieren der Staatsaktivitäten und des Konsumverhaltens eines jeden Einzelnen, die Agenten der globalisierten Märkte schaffen sich so den direkten und optimierten Zugriff auf den einzelnen Konsumenten. Offensichtlich hat Obama im Rahmen seiner Wahlkampagne nicht gesagt: Yes, we can, er sagte: Yes, we scan! Soweit Frank Schirrmacher.

Nun wird mit der Globalisierung offenkundig ein Etikettenschwindel betrieben. Denn aus der Tatsache, dass auf gesellschaftlicher Ebene ohne Zweifel Globalisierungstendenzen durch die Internationalisierung des Wirtschaftens, der Finanzmärkte und der Durchsetzung elektronischer Medien zu konstatieren sind, kann nicht uno actu auch auf Globalisierungstendenzen im politischen System geschlossen werden. Wir folgen da dem Großmeister der Soziologie Niklas Luhmann, der von der funktionalen Ausdifferenzierung der Politik als Weltsystem spricht. Aber dieses Weltsystem Politik ist intern segmentär in einzelne Nationalstaaten differenziert. Nationalstaaten sind in Luhmanns Diktion „regionale politische Adressen" des Weltsystems der Politik. Wir beobachten eine „Koevolution von weltgesellschaftlich-funktionaler und national-staatlich-segmentärer Differenzierung". Und das ist entscheidend: Politik kann nach Luhmann nur funktionieren, wenn das politische System segmentär in Nationalstaaten differenziert ist. Ein Welt-Staat, eine Welt-Innen-Politik, eine global gouvernance kann nicht funktionieren, weil ein solcher Staat über keine Instrumente verfügen würde, um seine Politik auch praktisch umzusetzen. Vor allen Dingen würde er an Konsens- und Legitimationsproblemen scheitern. Luhmann schreibt wörtlich, dass in absehbarer Zeit ein Weltstaat nicht zu etablieren sei. „Ein wichtiger Grund ist, dass die Konsenschancen weltweit nicht optimiert werden könnten, insbesondere unter Mehrheitsregeln nicht. Man kann sich nicht vorstellen, gegeben die heutige Struktur regionaler Diversität und kleinerer und größerer Spracheinheiten, dass in einem weltweiten Abstimmungsverfahren lokale Chancen, sich über bestimmte politische

Maßnahmen zu verständigen, ausgenutzt werden könnten". Grundsätzlich muss in diesem Zusammenhang auch auf die Reichweiten-Differenz von gesellschaftlichen Struktureffekten und politischen Interventions- und Handlungsketten aufmerksam gemacht werden. Globalisierungseffekte finden wir besonders auf der Ebene der gesellschaftlichen Struktureffekte, die sich über Folge- und Nebenfolgeprobleme als nichtintendierte Nebenwirkungen (besonders in der Ökonomie) weltweit durchsetzen. Politik dagegen ist immer akteurbezogen und voluntaristisch auf Handlungsweisen angewiesen, die notwendigerweise den Gestaltungsraum eingrenzen. So mag die Arbeitslosigkeit in Sri Lanka auch über viele Umwege Auswirkungen auf den Arbeitsmarkt in Deutschland haben, es macht Sinn, diese Arbeitslosigkeit in Sri Lanka selbst zu bekämpfen und nicht in Deutschland, auch wenn wir auf vermittelter Weise selbst davon betroffen sind. Genau in diesem Sinne wird auch mein Kollege Schachtschneider in seinen Schriften nicht müde, darauf hinzuweisen, dass Politik immer einen lokalen Bezug und ein regionales Fundament braucht, um durchsetzungsfähig zu sein. Das sehen die wohl klügeren Globalisierungsbefürworter auch so. So wollen sie den Nationalstaat nicht gänzlich abschaffen, weil sie auf seine Funktion der Konsensbeschaffung nicht verzichten können. Nach Innen soll er weiter wirken, er soll nur seine äußere Souveränität verlieren, damit die Interessen der globalisierten Ökonomie in allen Staaten durchgesetzt werden können. So kommt es auch im Rahmen des europäischen Einigungsprozesses geradezu zu einer „Staatsverdopplung". Die großen Staatsfunktionen werden dabei den noch existierenden Nationalstaaten genommen: äußere Souveränität, ein Großteil der legislativen Funktion, Budgetrecht. Der funktional halbierte Nationalstaat beschränkt sich dabei auf exekutive Funktionen, die hoheitlichen Beschlüsse aus Brüssel müssen schließlich in nationales Recht umgemünzt werden. Der alte Rest-Nationalstaat füllt sodann das Defizit von Staatsaufgaben durch neue Staatsaufgaben geringerer Reichweite und Relevanz aus: Diese bestehen vornehmlich in einer zunehmenden Gängelung des Bürgers durch Gesundheitsvorschriften, Gender Mainstreaming und political correctness, der alte Nationalstaat mutiert zum Gesinnungsstaat. Wir kommen hier dem recht nahe, was Ernst Fraenkel „Doppelstaat" nannte. Immer schon existierte unterhalb des offiziellen Normenstaates – der mehr oder weniger heute von der EU besetzt wird – ein „Maßnahmestaat", ein Herrschaftssystem relativer Willkür, der durch keine öffentliche

Kontrolle eingehegt wurde (z.b. Geheimdienste etc.). Der alte dezimierte Nationalstaat scheint sich zunehmend dieser Rolle des „Maßnahmestaates" und wie wir ergänzen, des Gesinnungsstaates zu bemächtigen. So kann der Staatsbetrieb in alter Personalstärke und funktionsbeladen –wenn auch mit anderen Aufgaben- weitergeführt werden. Der Rest-Nationalstaat hat sich seiner großen und wesentlichen Aufgaben entledigt und wendet sich mit voller Wucht, in Abkehr von jedem liberalen Prinzip der Aufgabe zu , „people processing" zu betreiben, also einen neuen Menschen nach seinem Bilde zu schaffen, die Konturen eines kosmopolitischen, globalisierten Einheitsmenschen werden sichtbar. Bei alledem müssen wir uns im Klaren sein, dass wir Bürger mit jedem Globalisierungsschub in der Politik Souveränitätsrechte verlieren, wir können nur noch eingeschränkt über unser eigenes Gemeinwesen bestimmen. Und die EU ist dabei nicht der Versuch, wie man uns weismachen will, durch Schaffung größerer politischer Einheiten sich der Globalisierung entgegenzustemmen. Die EU-Vereinigung in der jetzigen Form ist Teil der Globalisierung, sie ist Teil des Problems, weil sie regionale Differenzen niviliert, dereguliert, standardisiert und die nationalen Souveränitätsrechte einschränkt anstatt sie im wohlverstandenen Maße zu bündeln.

Ideologische Grundlage der Vorstellung, dass man auf die politische Ordnungsfunktion der Nationalstaaten verzichten könne, ist der Konstruktivismus. Zuerst ein Kind der Erkenntnistheorie bemächtigte sich der Konstruktivismus schnell der Kulturwissenschaften und der Soziologie insgesamt. Als erkenntnistheoretisches Programm hat er durchaus seine Berechtigung, wandte er sich doch gegen jede Form von Wissenschaftsgläubigkeit und szientifischer Naivität. Als Heinz von Foerster den Satz formulierte: „Objektivität ist die Wahnvorstellung, dass Beobachtungen ohne Beobachter gemacht werden können" hat er jeder ikonischen Beziehung zwischen Erkenntnis und Wirklichkeit eine Absage erteilt. Und sein Prinzip der „undifferenzierten Codierung", also das Phänomen, dass die Nervenzellen nicht den physischen Charakter eines Dinges melden, sondern nur „wieviel" – die sinnlichen Rezeptoren unterscheiden nur Frequenz und Intensität - war ein Schlag gegen jede Form von naivem Empirismus. Was wir als Wahrheit oder Wirklichkeit ansehen, ist somit immer Konstruktion, niemals Abbild der Wirklichkeit, die Kant'sche Lehre von den Anschauungsformen wurde hier radikalisiert. Allerdings um den Preis, dass logisch gesehen der Konstruktivismus sich ad absurdum führt, denn wenn alles ohne äußere Kriterien der Validität und Gültigkeit Konstruktion ist, dann ist auch der Konstruktivisimus ein Konstrukt, kann also keine höheren Weisheiten für sich in Anspruch nehmen wie andere erkenntnistheoretische Programme, wie etwa der kritische Rationalismus oder gar naive Abbildtheorien marxistischer Provinienz. Die spannende Diskussion um die erkenntnistheoretische Position des Konstruktivimsus können wir hier nicht weiter führen. Tatsache ist, dass mit dem wegweisenden Buch von Berger und Luckmann Anfang der 70iger Jahre „Die gesellschaftliche Konstruktion der Wirklichkeit" der Konstruktivismus massiv in den Sozialwissenschaften Einzug hielt. Danach sind alle Symbole, alle sozialen Ordnungsformen, alle Rollen, alle sozialen Deutungen und Interpretationen Konstruktionen und soziale Zuschreibungen (Askriptionen). Nan hat auch der soziale Konstruktivimsus einen wahren Kern. Natürlich tragen alle Sozialgebilde, von der Familie bis hin zu Institutionen und Nationen konstruktive Elemente. Aber radikale Konstruktivisten behaupten, dass soziale Gebilde ausschließlich menschliche Konstruktionen sind. Damit ist der Beliebigkeit und grenzenlosen Machbarkeit des Sozialen Tür und Tor geöffnet. So kann man im Rahmen des Gender-Mainstreaming behaupten, dass Geschlechterollen und geschlechtliche Identitäten veränderbar, austauschbar und grenzenlos umgestaltbar sind, weil wir ja als Mädchen oder Junge nicht geboren sondern gemacht sind. Die ganze radikale Feminismustheorie beruht auf dieser konstruktivistischen Vorstellung. Natürliche oder biologische Voraussetzungen haben dabei auf die soziale Rollenbildung überhaupt keinen Einfluss. Das Problem ist: der radikale Konstruktivismus ist voraussetzungslos. Wir konstruieren unsere soziale Wirklichkeit nach unserem eigenen Bilde, es gibt keine einschränkenden Bedingungen! Das ist natürlich völliger Unsinn und jeder seriöse Soziologe weiß, dass das Emergenzniveau des Sozialen auf psychischen und körperlichen und als Konservativer sage ich, auch auf geschichtlichen Voraussetzungen ruht, die auf die sozialen Ausdrucksformen nicht ohne Einfluss bleiben und damit die Kontingenz des Machbaren einschränken. Für die Konstruktivisten jedenfalls gibt es keine Unverfügbarkeiten, in irdisch-menschlicher Machseligkeit lassen sich alle sozialen Figurationen nach unserem Bilde, also dem Bilde der Konstrukteure, die an den Hebeln der Macht sitzen, umformen und neu gestalten. So auch die Nation und den Nationalstaat. So sind wir Zeuge eines Prozesses, in dem die sozialen und kulturellen Voraussetzungen der Nationalstaatsbildung durch eine multikulturelle Ersetzung einer relativ ethnisch und kulturell homogenisierten Bevölkerung gepaart mit politischen Souveränitätsverlusten des Staates dekonstruiert werden sollen. Nation, so der Soziologe Dirk Richter „ist ein sozial konstruiertes Deutungsmuster".

Die Nation ist eine imaginierte Gemeinschaft, die es erlaubt, die Welt aus einer distinktiven Perspektive, in einer „Wir" und „Sie" Differenz zu betrachten und damit Identität zu fingieren. Diese „fiktive" Identität braucht der Mensch in einer funktional differenzierten Gesellschaft, wo die Identitätsangebote in der unmittelbaren Lebenswelt immer spärlicher werden. Mit einer solchen konstruktivistischen Vorstellung wendet man sich von jeder „substantialistischen" Position von Nation ab, die „partikularistisch" Nation mit inhaltlichen Bestimmungen wie „Abstammungsgemeinschaft" (Max Weber), unterschiedlichen kulturellen Mustern (z.b. Sprache) oder gar Mentalitäten in Verbindung setzt. Ein solches partikularistisches Nationenverständnis ist in konstruktivistischer Perspektive von Anfang an rassistisch und hochgradig nationalistisch.In konstruktivistischer Perspektive gilt es, dieses traditionale Nationenkonzept zu überwinden. Der Konstruktivismus orientiert sich dabei im wesentlichen am französischen Nationenverständnis, das Nation nicht an bestimmten askriptiven Merkmalen einer Ethnie festmacht sondern Nation als politische Willensgemeinschaft definiert, die sich über das Bekenntnis zu bestimmten republikanischen Tugenden definiert. Nation ist so ein geistiges Prinzip, dass sich durch einen „plebiscite de tous les jours" (Ernest Renan) aufrechterhält. Elisabeth Fehrenbach schreibt zum französischen Nation-Begriff: „Die politische Definition der Nation gilt als typisch französisch. Es fehlt die Mystik der Sprache, des Volkes, der gemeinsamen Abstammung, die den deutschen Nationalbegriff charakterisiert. Nicht die Sprach- und Abstammungsgemeinschaft, nicht das Volk im ethnischen Sinn, sondern der gemeinsame Staat und die Rechte der Bürger prägen die Einheit der Nation". Nun lässt sich leicht aufzeigen, dass es sich bei diesem Konzept einer „Staatsbürgernation" um ein geschöntes Bild der Vertreter des National-Konstruktivismus handelt. Wie Karlheinz Weissmann in seinem Buch „Nation?" aufzeigt, ist das nur die halbe Wahrheit. Auch Frankreich gründete seine Nationwerdung nicht nur auf republikanische Tugenden, sondern auch auf kulturellen, vor allen Dingen, sprachlichen Assimilationsdruck – beispielsweise gegenüber Bretonen, Basken, Flamen und Deutschen in Elsaß-Lothringen. Noch 1790 wurden in Frankreich nur in 15 der 83 Departements durchweg französisch gesprochen. Und Dirk Richter betont, dass es bezweifelt werden muss, „ob der Typus von Staatsbürgernation, wie er in der soziologischen Literatur postuliert wird, jemals existiert hat". Bei näherem Hinsehen zeigt sich, dass es sich bei diesem Denkmodell allenfalls um eine Wunschvorstellung zur Überwindung des Nationalstaates handelt. Dieses Denkmodell kann sich darauf stützen, dass natürlich jede Nation konstruktivistische Komponenten enthält. Zu diesen konstruktivistisch-subjektiven Komponenten gehören ohne Zweifel der politische Vereinigungswille und Souveränitätsanspruch einer territorial gegebenen Bevölkerung sowie die verschiedenen Spielarten einer „Nationalerziehung", die sich u. a. mit dem Lesen einer klassisch-kanonisierten Nationalliteratur als Lesegemeinschaft profilieren. Die Bildung von Nationalstaaten ist so immer eine politische Konstruktion, die aber nicht so zu denken ist, als ob sie alleine der Beliebigkeit der politischen Akteure unterliegen würde. Die substantialistische Position hat insofern Recht, als erfolgreiche Nationenbildung immer auch auf vorpolitische Aspekte zurückgreifen muss. Weissmann schreibt dazu: „Staatsnationen haben sich bisher nur dann auf Dauer etablieren können, wenn sie tatsächlich auf eine Menge von im weiteren Sinn organischen Voraussetzungen aufbauen konnten, die sie nicht geschaffen haben und die sie nicht regenerieren können. Die relative Einheit von Sprache, Kultur und ethnischer Zugehörigkeit war zwar keine hinreichende, aber doch notwendige Bedingung für die Entstehung einer Staatsnation". Soziologisch gesehen ist es durchaus richtig von der Nation als „fingierter Gemeinschaft" zu sprechen, weil zur Gemeinschaftsbildung gehört, dass jeder mit jedem in Interaktion treten kann, was im nationalen Maßstab ja unmöglich ist. Gleichwohl wirkt Nation gemeinschaftsbildend, weil sich im Verlaufe der Geschichte von Nationen gleichsam auf struktureller Ebene gemeinsame Merkmale der inkludierten Bevölkerung ausprägen. Dazu gehört an erster Stelle die Sprache. „In der konkreten Sprache wird Denken unausweichlich auf seine politische Konstituierung verwiesen. Sprache nationalisiert die Erkenntnis", so der unvergessene Bernhard Willms. Neben der Sprache führt die gemeinsam erlebte Geschichte einer Nation zu einem Gemeinsamkeitsgefühl. Wer wollte bestreiten, dass die Katastrophen des ersten und zweiten Weltkrieges sich nicht in das kollektive Gedächtnis der Deutschen in spezifischer Weise eingebrannt haben und das Gefühl einer Schicksalsgemeinschaft vermitteln. Und letztlich bilden sich im Verlaufe der Geschichte als Folge der geographischen Lage, der speziellen politischen und kulturellen Geschichte und ethnischer Herkunft spezifische Mentalitätsmuster heraus, die es durchaus sinnvoll machen, von „typisch deutsch" oder „typisch italienisch" zu sprechen. Wir kommen darauf zurück.

Doch zunächst kommen wir noch zu einem weiteren Punkt, der erklärt, warum das Prinzip der Staatlichkeit (und damit eben auch der Nationalstaat) vor schweren Herausforderungen steht. Wir folgen hier dem großen Anthropologen und Soziologen Arnold Gehlen, der den Prozess der Entfunktionalisierung des Staates in seinem Spätwerk „Moral und Hypermoral", wahrhaftig eine Bibel des politischen Konservativismus, in aller Eindringlichkeit beschrieben hat. Der Staat ist für Gehlen eine „rational organisierte Gefahrengemeinschaft", die mit einem bestimmten Staatsethos verbunden ist, mit Tugenden wie Disziplin, Nüchternheit, Konzentration und rationalem Gefahrensinn. Tugenden aus dem Militärischen und dem Beamtentum. Nach dem 2ten Weltkrieg wurde dieses staatsbezogene Dienst- und Pflichtethos durch ein humanitär- eudämonistisches Familienethos abgelöst, das zur Richtschnur der egalitär-demokratischen Bewegungen des neuen „Humanitarismus" wurde. Der Staat mit seinen Ethosformen hat dabei an Eigensinn und Dignität verloren und wurde „vergesellschaftet". Er verliert an Eigenwert, er legitimiert sich alleine über seine gesellschaftliche Alimentierungsfunktion. Gehlen schreibt: „So nimmt der Leviathan mehr und mehr die Züge einer Milchkuh an, die Funktionen als Produktionshelfer, Sozialgesetzgeber und Auszahlungskasse treten in den Vordergrund, und man hat dem humanitär-eudämonistischen Ethos die Tore so weit geöffnet, dass das eigentlich den Institutionen angemessene Dienst und Pflichtethos aus der öffentlichen Sprache und aus den Kategorien der Massenmedien vollständig verschwunden ist und dort nur noch Gelächter auslöst". Aus der Institutionalisierung des Staates wurde schlicht und ergreifend eine einfache Organisation der Daseinsbewältigung. Erschöpfen sich Organisationen in der Erfüllung einer reinen funktionalen Zwecksetzung, so sind Institutionen im emphatischen Sinne von Gehlen „Mehrzweckgebilde", sie erfüllen nicht nur sachliche Zwecke sondern haben Rückwirkungen auf das Individuum, indem sie es mit höherwertigen Motiven ausstatten, sie erfüllen einen „Erziehungsauftrag", sie haben einen Appellationscharakter an die besseren Seiten eines Individuums. Der Staat als Institution erstrebt den guten Staatsbürger, ganz im Kant`schen Sinne, aus freien Stücken seine Pflicht zu tun. Diese feed-back Schleife zum Einzelsubjekt fällt heute weg, symptomatisch sei die Aufgabe der Wehrpflicht bei der Bundeswehr genannt, die früher einmal die „Schule der Nation" sein sollte. Der Nutzen-kalkulierende Mensch der Moderne will von solchen Staatsanmaßungen nichts mehr wissen, der Staat mutiert zu einem reinen Funktionsgebilde mit exaltierter Versorgungsfunktion. Dabei begegnet der moderne Mensch den ihn umsorgenden Staat in einer Melange von Dissident und Kleinkind (Pascal Bruckner). Er will versorgt werden und gleichzeitig seine unmittelbare Willkür behalten.

Mit einem solchen Staat ist natürlich kein Staat zu machen und so können leicht Staatsfunktionen an EU-Organisationen und Nichtregierungsorganisationen abgegeben werden. Der Staat als bloße Organisationsform gibt sich selber auf. Der Staat muss eben mehr sein als eine bloße Abwicklungsinstanz für gesellschaftlich entstandene Probleme, die die Gesellschaft von sich aus nicht lösen kann. Er hat es eben mit einer besonderen Bevölkerung (früher sagte man Volk) und einem besonderen Territorium zu tun und muss diese Besonderheiten berücksichtigen und in eine diese Besonderheiten aufnehmende spezifische Politik zum Wohle dieser spezifischen Bevölkerung in einem spezifischen Territorium umsetzen. Deswegen heißt ein Nationalstaat Nationalstaat. Es läßt sich also vermuten, dass ein deutscher Nationalstaat auf bestimmte gesellschaftliche Probleme (z.b. Arbeitslosigkeit) anders reagiert als der französische oder italienische Nationalstaat, nicht will das Problem ein anderes wäre, sondern weil die sozio-kulturellen Voraussetzungen bei einer gegebenen Bevölkerung ganz anders sind und die unterschiedlichen Mentalitätslagen unterschiedliche politische Optionen ermöglichen, ja erforderlich machen. Hier kehren wir zum substantialistischen Nationenverständnis zurück. Und so muss die Frage erlaubt sein, was an einem deutschen Nationalstaat eigentlich deutsch ist. Was macht das spezifisch Deutsche aus, dass sich auch in der spezifischen Organisation des Staatsgebildes Ausdruck verschafft? Wir kommen also nicht umhin, die schwierige Frage nach einer deutschen Identität zu stellen.

Thea Dorn und Richard Wagner sind jüngst auf die Suche nach der „deutschen Seele" und ihrer Ingredenzien gegangen. Dabei können sie ihre Sympathie für das Deutsche gerade wegen ihres nüchternen Blickes nicht verbergen. Sie stoßen in ihrer Analyse auf typisch deutsche Gegenstände, Verhaltensweisen und innere Haltungen. Zu den typisch deutschen Gegenständen gehören beispielsweise der Strandkorb, die Wurst, das Butterbrot, das Mittelgebirge, das Mutterkreuz, die Sandburg, das Pfarrhaus, der Schrebergarten und der Weihnachtsmarkt. Zu den absonderlichen deutschen Tätigkeiten gehört das Spazierengehen, das Singen im Männerchor, das Autowaschen am Samstag. Zu den inneren Haltungen gehören der Fleiß, die Ordnungsliebe, die Treue, das Ehrgefühl, die Genauigkeit, aber auch negativ konnotierte Haltungen wie Subalternität, Autoritätsgläubigkeit, Kleinkariertheit und ein Schwanken zwischen Großmannssucht und Defätismus. Neben der profanen Tugend, eine Sache perfekt zu machen, entdecken Thea Dorn und Richard Wagner auch die mystische Seite des Deutschen, seinen Hang zur Romantik, seinen Antiintellektualismus mit guten und auch abgründigen Seiten. Besondere Bedeutung kommt bei den Tugenden dem Fleiß zu, von Andrea Dorn auch „Arbeitswut" genannt. Bereits 1916 stellte der Philosoph Max Scheler in einem Vortrag „Die Ursachen des Deutschenhasses" fest, dass der welthistorische Emporkömmling die meistgehasste Nation gewesen sei, weil er mit seiner Arbeitswut die anderen Nationen aus ihren jeweiligen Paradiesen vertrieben habe. Bewunderung paarte sich mit Furcht und der Tüchtigste ist nun mal nicht der Beliebteste. Der Mechanismus wirkt bis heute: Deutsche Geldzahlungen an Griechenland werden mit Nazi-Vorwürfen quittiert und die EU-Bürokratie fordert, der Deutsche möge doch bitte mehr konsumieren und weniger produzieren. Haben andere Völker ein eher instrumentelles Verhältnis zur Arbeit, die dazu da ist, um bestimmte Bedürfnisse zu befriedigen, womit sich der Zweck der Arbeit dann erledigt hat, so gilt für den Deutschen das Kant`sche Ideal des „ewigen Strebens". Hier zeigt sich die protestantische Seite der „deutschen Seele", die Arbeitsmobilmachung der Deutschen erfolgte wesentlich über den schwäbischen und preußischen Pietismus , weil sich die Gnade Gottes nur durch einen durch Arbeit strukturierten Lebenswandel erreichen ließ. Mit der zunehmenden Amerikanisierung der Lebensstile schleifen sich diese Tugenden notwendigerweise ab. Tugenden werden als „Sekundärtugenden" herabgesetzt und der neue Narziß der Moderne kalkuliert seinen Auftritt in der Öffentlichkeit und Arbeitswelt rein nach egoistischen Utilitätsgesichtspunkten. Aus der Hingabe an die Sache – eine

Sache um ihrer selbst willen zu tun – wird zunehmend die Hingabe zum „sich selbst verwirklichen", das „sakrale Ich" hat schon lange Einzug in die deutschen Charaktere gehalten. Nicht, dass die alten Tugenden endgültig verschwunden sind, sie scheinen immer noch in Teilen der Bevölkerung auf (insbesondere in der bürgerlich-handwerklichen Mittelschicht), aber sie sind auf dem Rückzug und werden durch den modernen Hedonismus amerikanischer Prägung ersetzt.

Ein weiteres Merkmal des Deutschen ist seine Apolitizität. Schon Tacitus bemerkte in seiner „Germania", dass der Germane Politik mit Täuschung und Verstellung gleichsetze und das mit seiner Ehrlichkeit und Biederkeit kontrastiere, Thomas Mann sprach von der „Unberufenheit" zur Politik. Wolf Lepenies konstatiert eine bürgerlich deutsche Melancholie, die nur den Weg in die Innerlichkeit oder Natur zulasse. Und Friedmar Apel vermerkt in seinem Buch „Deutscher Geist und deutsche Landschaft", dass angesichts von Handlungsblockaden der Franzose in den Salon geht oder eine Revolution anzettelt, der Deutsche geht ins Grüne. Überhaupt hat der Deutsche ein besonderes Verhältnis zur Natur, die Grünen in ihrer ideologischen Melange von altgermanischer Naturverherrlichung und protestantischem Pfarrhaus profitieren bis heute davon. So ist die deutsche Seele nicht zu ergründen ohne Berücksichtigung der deutschen Topographie. Die Zentrallage in Europa ohne natürliche Grenzen und die Umgebung der meisten Nachbarn in Europa haben die politische Einigung und Identitätsbildung der Deutschen immer erschwert. Der lange Zeit nicht geglückte politische Autonomiegewinn ließ in Deutschland einen Provinzialismus mit ausgeprägter Landschaftsgebundenheit entstehen, die Heimat war immer da, die Nation kam erst spät. So ist es nicht verwunderlich, dass in der ästhetischen Landschaftserfahrung von Dichtern und Denkern ein Autonomiegewinn des Subjekts als Gegenentwurf zur durchrationalisierten Welt gesucht wurde. Die deutsche Romantik gibt Zeugnis davon. Beispielhaft seien die Gedichte von Clemens von Brentano genannt, wo die Landschaft „zum Gegenbild eines gefühlskalten, von Vernunft beschädigten Lebens wird, an dem das Glücksverlangen des Subjekts zuschanden geht". Wilhelm Dilthey hat die deutsche Musterlandschaft beschrieben: milde Hügel, sanfte Täler: „da entsteht aus diesem Lagegefühl ein mildes, befreundetes Verhältnis zur Natur – Geborgensein, heimliches sich Anschmiegen an Tal, Fluss und Hügel und doch Sich-Fortsehnen in die schimmernde Ferne".

Selbst Theodor Adorno, dem jede Deutschtümelei fremd war, sehnte sich besonders während seines amerikanischen Exils nach den Hügeln des heimatlichen Amorbach, das in ihm eine ästhetische Erfahrung weckte gegen die verdinglichte Gesellschaft „als Erinnerungsspur der Freiheit in der Geborgenheit einer zugewandten Welt".

Von alle dem will der vom Internationalismus durchtränkte moderne Deutsche eigentlich nichts mehr wissen. Typisch deutsch ist heute die Selbstverleugnung und Selbstdistanzierung vom Eigenen. Das Deutsche ist nur ex negativo zu haben. Der Deutsche will eigentlich gar nicht mehr deutsch sein, er ist vor sich selbst auf der Flucht, er fühlt sich als Europäer (und zwar unmittelbar!), taucht in fremde Kulturen ein, wenn er auf Reisen geht und holt sich die Fremde als multikulturelle Bereicherung massenhaft ins Land. Diese Selbstverleugnung hat mit der teleologischen Geschichtsauffassung der heutigen Interpretation von deutscher Geschichte zu tun. Denn alles, was die Deutschen hervorgebracht haben, lief auf Hitler hinaus. Selbst die besten Leistungen des „deutschen Geistes" waren auf sublime Weise Wegbereiter des nationalsozialistischen Terrors. Sei es Goethes und Schillers deutscher Sonderweg der Kulturnation, sei es Kant`s Pflichtethos oder Hegels Staatsapotheose, letztendlich sind dies in der antifaschistischen Beurteilung alles Bausteine des Hitlerismus. Der Kulminationspunkt deutscher Geschichte ist Hitler. Die Deutschen bestehen aus Vorläufern und aus Erben dieser nationalgeschichtlichen Katastrophe, aus diesem hermetisch geschlossenen Kreis kommt der Deutsche nicht heraus. Was bleibt, ist Flucht vor sich selbst. Natürlich ist es paradox, vor sich selbst fliehen zu wollen, weil man in der Fluchtbewegung sich immer selbst mitschleppt, zumal Selbstdistanzierungen, wie die Geschichte zeigt, wiederum typisch deutsche Ausdrucksformen des Umgangs mit sich selbst sind. Man kann sich eben nicht neben sich selbst stellen und wenn man es könnte, würde man dadurch kein anderer. So kann man die Frage nach der eigenen Identität nicht eskamotieren, es sei denn, man gibt sich physisch auf. Vor allen Dingen muss man sich vor Augen führen, dass Identitätsbildung, sei es in persönlicher Hinsicht, sei es auf der Ebene von Kollektiven oder Nationen, immer Grenzziehung beinhaltet. Ohne Grenzziehungen keine Identitätsbildung, das ist ein Essential, was die one-world-Ideologen des entfesselten Globalismus nicht verstehen können oder wollen. Grenzziehungen sind diesen Herrschaften äußerst suspekt, sie sind das Einfallstor zur Barbarei.

Das ist natürlich völliger Unsinn. Es sind gerade die durch Grenzziehungen ermöglichten Differenzen, die Europa so einmalig machen und es ist gut, dass Franzosen anders sind als Deutsche. Wir können uns in dieser Hinsicht auf Theodor W. Adorno berufen, der den „Stand der Versöhnung" als „Kommunikation des Unterschiedenen" bezeichnete: „Friede ist der Stand eines Unterschiedenen ohne Herrschaft, in dem das Unterschiedene teilhat aneinander". Wir brauchen kein uniformes, die nationalen Unterschiede nivellierendes Europa, das das Nationale allenthalben als europäische Region gelten lässt und herunterstuft, wir brauchen ein Europa der gepflegten Differenzen, ein Europa der Vaterländer und intakten Nationalstaaten, die miteinander fried- und respektvoll interagieren. Bereits das Projekt der Schaffung einer Einheitswährung zeigt in aller Deutlichkeit, welche Probleme man sich einhandelt, wenn man die Aggregationsebene des Nationalstaates überspringen will. Weniger europäischer Zentralismus ist mehr Europa. Die wahren Europa-Gegner sind die Euro-Zentralisten.

Die Gefahr ist groß, dass das Deutsche im Rahmen der Globalisierung lediglich zu einem Label wird, das man zur vordergründigen Identitätsausstattung wählt, das man aber jederzeit wechseln kann wie die Designerwäsche. Das Ganze hat dann nichts mehr mit Charaktereigenschaften und Verhaltenstypisierungen zu tun, die Nation wird zur leeren Hülle und zur äußeren Verpackung von Identitäten, die sich die Individuen in den internationalisierten Medien holen, allenthalben brauchbar für einen kommerzialisierten Event-Patriotismus. Diese Entwicklung trifft offenbar alle Nationen, nur sind wir Deutschen mit dieser Form der Trivialisierung der Nation mal wieder Vorreiter. Zu hoffen bleibt, dass andere, selbstbewußtere Nationen ihre regionalistische Rückstufung nicht hinnehmen und so das hypertrophe Projekt eines europäischen Einheitsstaates scheitern lassen.

Erlauben Sie mir ein persönliches und damit ganz und gar unwissenschaftliches Schlußwort.

Was passiert eigentlich mit den verschiedenen Regionen und Landschaften Deutschlands und Europas, wenn die EU-Monster-Bürokratie ohne das intermediäre Kraftzentrum des Nationalstaates einen unmittelbaren und unvermittelten Zugriff auf die einzelnen Regionen hat? Wenn die Regulierungs- und Standardisierungswut ohne den Schirm des Nationalstaates die Regionen direkt erfasst und die EU-Richtlinien ohne nationalstaatli-

che Kontamination greifen? Zwei Landschaften Deutschlands, die unterschiedlicher nicht sein können, liegen mir besonders am Herzen: das ist der Chiemgau im Süden und das ist Friesland im Norden. Ich frage mich, was passiert, wenn im Chiemgau die Geschlechterfolge der alten Bauernfamilien abbricht, wenn das alte Bauernland Chiemgau mit seiner einzigartigen Kulturlandschaft vollständig in eine Ferienregion mit Ökosiegel umgewandelt wird? Was passiert mit den alten Bauernhäusern, wenn das letzte dieser Zeugnisse alten Bauernfleißes und Bauernstolzes in EU-kompatible Ferienwohnungen umgestaltet wird? Wer pflegt und bearbeitet das Land? Oder wird es zum Nationalpark, womit Verwilderung der Natur gemeint ist? Was passiert mit den Menschen, einst unabhängig und stark, wenn diese nunmehr als touristische Dienstleister mit Streichelzoo und Hüpfburg im ehemaligen Bauerngarten tätig sind? Allenthalben der Hofladen mag noch an alte Zeiten erinnern. Der Charakter der Landschaft und damit der Charakter der Menschen werden sich nachhaltig ändern. Was passiert mit dem stolzen Friesland, wenn der letzte Quadratmeter in eine ökologische Energiegewinnungszone umgewandelt wird. Wenn der weite Horizont durch Verspargelung mit Windmühlen zerschnitten wird und die fetten Rinder-bestandenen Weiden durch Mais-Monokulturen für die gefrässigen Biogasanlagen ersetzt werden? Was passiert mit diesen „knochig-freien" Menschen, deren Wahlspruch „lewer düd üs slav" einst war, wenn sie nicht mehr vom Ertrag ihrer Böden leben sondern von EU-Subventionen und EU-normierten Strom-Einspeise-Verordnungen? Glauben wir naiverweise, das sind nur Änderungen im äußeren Umfeld, die Menschen werden sich dadurch nicht ändern? Mir graut jedenfalls vor einer solchen Zukunft der vernutzten und benutzten Landschaft, die alles Gewordene dem vermeintlichen Fortschritt opfert und ich habe Angst vor dem neuen, medial zugerichteten Konservenmenschen, der durch keine landschaftliche Eigenart mehr geprägt ist. Wehren wir uns, auch wenn es unwahrscheinlich ist, dass wir Erfolg haben. Sich nicht gewehrt zu haben, ist eine Schande!
Ich bedanke mich für Ihre strapazierte Aufmerksamkeit.

Literatur

Friedmar Apel, Deutscher Geist und deutsche Landschaft, 1. Aufl., München 200 0

Theodor W. Adorno, Stichworte, Kritische Modelle 2, 3. Aufl., Frankfurt 1970

Jost Bauch, Der Niedergang, Graz 2010

Thea Dorn, Richard Wagner, Die deutsche Seele, 1. Aufl., München 2011

Arnold Gehlen, Moral und Hypermoral. Eine pluralistische Ethik, Frankfurt, Bonn 1969

Otto Hintze, Wesen und Wandlung des modernen Staats, in: Ders., Staat und Verfassung. Gesammelte Abhandlungen zur allgemeinen Verfassungsgeschichte, Göttingen 1970, 470-496

Niklas Luhmann, Weltgesellschaft, in: Ders., Soziologische Aufklärung 2, 4. Aufl., Opladen 1991, 51-71

Hagen Schulze, Staat und Nation in der europäischen Geschichte, 2. Aufl., München 2004

Max Weber, Wirtschaft und Gesellschaft, 5. Aufl., Tübingen 1972

Karlheinz Weissmann, Nation? Bad Vilbel 2001

Bernard Willms, Die Deutsche Nation, Köln-Lövenich 1982

Jost Bauch

Willkommenskultur als Moralkeule

Wieder einmal wird in Deutschland Politik mit Moral gemacht. Politik wird sogar mit Moral verwechselt. Denn Fremde hat man willkommen zu heißen. Nicht, dass dieser Satz falsch wäre, er ist selbstverständlich moralisch geboten und gehört zu den guten Sitten. Er ist gültig als Interaktionsmoral, als Verhaltensgebot im Umgang mit Fremden, gleichzeitig ist er vollkommen ungeeignet als Politikersatz oder politische Leitorientierung. Selbst moralisch ist er fragwürdig, wenn diese Willkommenskultur überdehnt wird. Denn was passiert, wenn diese Willkommenskultur nur 3 bis 4 Jahre konsequent durchgehalten und durchgezogen wird? Das Chaos würde ausbrechen, das vorhandene Gemeinwesen an Überlastung wie ein Kartenhaus zusammenbrechen. Ist das moralisch vertretbar? Die Anwendung von Moral hat oft unmoralische Konsequenzen. Ganz so wie in Umberto Ecos „Der Name der Rose", wo der Inquisitor dem Opfer auf dem Scheiterhaufen zuruft, dass er dem Bösen abschwören soll. Die Antwort des Opfers: „Das Böse, dem ich abschwöre, seid ihr". Das Böse ist somit die vermeintlich sichere Unterscheidung von Gut und Böse selbst, wobei das Böse natürlich bei den Anderen ist. Es ist die moralische Selbstsicherheit, die die moralische Verteilung von Achtung und Missachtung letztlich unmoralisch macht. So muss es nach Niklas Luhmann zentrale Aufgabe der Ethik als Reflexionsinstanz der Moral sein, „vor Moral zu warnen".

Moralische Sätze sind somit völlig ungeeignet, politische Entscheidungen zu bestimmen. Politik hat zunächst – wie alle großen Funktionssysteme der Gesellschaft (Wirtschaft, Erziehung, Gesundheitswesen, Recht (!) – einen unmoralischen Kern. Bei Politik geht es um die Durchsetzung von Interessen, um strategische Allianzen und um den kontrollierten Umgang mit Macht. Nicht, dass das völlig moralfrei erfolgen kann. Die moralische Dimension ist immer gegeben, aber sie kommt in den Funktionssystemen nicht konkurrenzfrei zur Geltung, sie muss das „systemische Prozessieren" der Funktionssysteme gelten lassen. Dieses Prozessieren ist auf Moral nicht reduzibel, Moral alleine ist für die Bearbeitung politischer Probleme „unterkomplex".

Die „Überwucherung" des Rechts und der Politik (Schachtschneider) durch Moral hat in Deutschland Tradition. Das hat damit zu tun, dass es speziell in Deutschland eine Tradition gibt, Begriffe und Denkmuster, die aus den unmittelbaren Interaktionen von Menschen im sozialen Alltag stammen, unverkürzt und unreflektiert auf das Aggregationsniveau des Politischen zu übertragen. Schon Thomas Mann wusste, dass der Deutsche im Grunde unpolitisch ist, weil er grundsätzlich in moralischen Kategorien denkt. Das hat mit der deutschen Geschichte zu tun. Wie Herfried Münckler nachwies, gelten als deutsche Tugenden die Nibelungentreue, die Redlichkeit, die Aufrichtigkeit, die Tapferkeit der Männer und Keuschheit der Frauen. Alles Tugenden, die auch Tacitus den Germanen attestierte. Diese aus der unmittelbaren Personenbeziehung gewonnenen Tugenden behindern aber die Ausbildung eines eigenständigen politischen Bewußtseins. Denn Politik erfordert strategisches Denken, Kompromissbildung, ja List und Täuschung. Die deutsche Interaktionsmoral dagegen steht für Prinzipientreue. Wird diese Interaktionsmoral zum dominierenden Prinzip der Politik, so wird jede Kompromissbildung anrüchig, bekommt ein „Geschmäckle", denn man verlässt ja seinen ethisch sauberen Standpunkt, man will den politischen Gegner gar nicht erst überzeugen (was interaktionsmoralisch geboten wäre), man einigt sich auf einen(„faulen") Kompromiss und stellt so eine „win-win-Situation" für alle Parteien her. Politik erfordert Raffinesse, strategisches Denken und auch ein gewisses Maß an Skrupellosigkeit (ohne dass Politik notwendigerweise unmoralisch zu sein hat), die Geschichte der Diplomatie gibt eindeutig Zeugnis davon. Die deutschen Eigenschaften wie Treue und Aufrichtigkeit dagegen sind Derivate der Interaktionsmoral und werden als persönliche Treueverpflichtungen unmittelbar auf die Politik und das öffentliche Leben übertragen, was sehr ehrenhaft ist, aber dadurch die Essenz des Politischen verfehlt. Historisch gesehen schaffte es die Politik nicht (oder eben sehr spät und unvollkommen), sich von den Regularien der Lebenswelt abzukoppeln und das Politische als eigene Seinssphäre (heute würde man sagen: als System mit eigenen Regeln) anzuerkennen, womit dann für diese Seinssphäre andere Regeln gelten als im unmittelbaren Alltag der Bürger. Helmut Plessner hat in seinem wichtigen Werk „Die verspätete Nation" diese deutsche Politikunfähigkeit umfänglich beschrieben. Er konstatiert in der deutschen Mentalität eine permanente Verwechslung von Politik und Gesellschaft, wobei die Gesellschaft mit einem emphatischen Gemeinschaftsbegriff unterlegt ist. Besser kann man auch heute nicht das Phänomen einer „Willkommenskultur" erklären.

Die Politik konnte sich im Verlaufe speziell der deutschen Geschichte nur schwer von der Gemeinschaftsmoral freimachen. So waren es im Besonderen die Nazis, die ihre Ideologie auf Gemeinschafts-affine Begriffe und Metaphern aufbauten, Gesellschaft war für sie Gemeinschaft (und zwar immer und unmittelbar). Werterigorismus, Formenhass und Gesinnungsethik haben als Folge der Dominanz der moralischen Innerlichkeit die Politik bestimmt. Auch diese innerliche Haltung der Deutschen hat nach Plessner dazu geführt, dass sich der Staat als institutionelle Anstalt und damit auch die Nation nur „verspätet" etablieren konnte. Für Thomas Mann ist diese Geschichte der deutschen Innerlichkeit auch mitverantwortlich für die Katastrophe des Nationalsozialismus, wenn er schreibt: „Eines mag diese Geschichte (der Innerlichkeit, d. Verf.) uns zu Gemüte führen: dass es nicht zwei Deutschland gibt, ein böses und ein gutes, sondern nur eines, dem sein Bestes durch Teufelslist zum Bösen ausschlug."

Auch nach dem Kriege konnte sich die moderne Politik der Bundesrepublik Deutschland, so Cora Stephan in ihrer beachtenswerten Schrift „Der Betroffenheitskult" aus dem Jahre 1994, von Interaktionsmoral, Gesinnungsethik und Innerlichkeit nicht lösen. Das bundesrepublikanische Politikverständnis ist danach geprägt von einem Betroffenheitskult. Die Politik ist vergesellschaftet und wird als Verlängerung der moralischen Vorstellungen des guten Bürgers gesehen, ein „Gefühlssprech" ist angesagt, eine Überdehnung des Sippenethos und der Hausmoral, würde Arnold Gehlen formulieren, Richard Senett nannte es die „Tyrannei der Intimität". Doch auch nach Stephan lässt sich die Politik nicht auf Moral reduzieren. Politik ist „das wenig grandiose Rechnen mit dem Möglichen angesichts des Nötigen". Sie ist im Rahmen der Rechtsordnung der kontrollierte Umgang mit Macht, im Rahmen der Politik werden kollektiv verbindliche Entscheidungen getroffen, Interessen gegen Interessen gesetzt, die in demokratischen Verfahren austariert werden. Damit muss Politik nicht unmoralisch sein, sie geht in Moral nur nicht auf. Moral ist immer eine gesellschaftsweite Kommunikationsform, keinem einzigen sozialen System alleine zuordbar, sie läuft als spezielle Kommunikationsform parallel mit der Operationsweise der gesellschaftlichen Systeme mit, ohne allerdings in Reinform beispielsweise die Essenz des Politischen oder anderer Systeme bestimmen zu können. Für Stephan ist die Entlastung der Politik von Moral geradezu notwendig, um einen demokratischen Rechtsstaat zu ermöglichen. „Es ist ja gerade die gesinnungsferne Formorientiertheit der Demokratie, die Spielräume eröffnet. Es ist ja gerade der Unterschied zwischen Gedanke und Tat, der demokratische Gemeinwesen von erziehungsdiktatorischen Systemen unterscheidet, denen es nicht reicht, ihre Untertanen am bösen Tun zu hindern, sondern die auch ihre Gedanken zensieren wollen. Das Schöne an der Demokratie ist, dass sie dem Bürger erlaubt, im Rahmen der Regeln oder im Schutz der Privatsphäre nach Herzenslust fies zu sein". Auch Niklas Luhmann sieht die „Entmoralisierung" der Politik als Evolutionsgewinn. Denn wäre bei der demokratischen Differenzierung der Politik in Regierung und Opposition die Regierung „gut" und die Opposition „böse" (oder vice versa), wäre die Demokratie schnell am Ende. Für Cora Stephan jedenfalls steht fest, dass Deutschland erst dann wirklich souverän ist, wenn es das ganz normale Interessehandeln wiedergewinnt „ohne Rekurs auf die ganz große Moral".

So ist die Verbreitung der Willkommenskultur als einzige politisch gewollte Antwort auf die Masseneinwanderung ein sicheres Zeichen dafür, dass Deutschland eben nicht souverän ist. Gleichzeitig zeigt diese Entwicklung, dass sich in Deutschland zunehmend ein Demokratiedefizit entwickelt. Denn es wird ja nicht um diese Frage – bei Einhaltung der demokratischen Regeln – gestritten. Es wird von Oben dekretiert und oktroyiert. Der für die Herrschenden „nette" Nebeneffekt ist, dass die massenmediale Nutzung der moralisch aufgeladenen Begriffe wie Willkommenskultur gegen mögliche Politikalternativen immunisiert. Man bringt damit Opposition zum Schweigen. Schließlich will sich keiner nachsagen lassen, er sei nicht gastfreundlich. Der Fehlschluss ist: Auch wenn wir alle im interaktionsnahen Bereich ganz ganz fremdenfreundlich sind, so ist das keine Lösung für das Problem, dass eine Gesellschaft mit begrenzten Mitteln, mit begrenztem Raum und Personal nicht „unbegrenzt" Flüchtlinge aufnehmen kann, auch wenn die Flüchtlinge alle fürchterlich nett sind und die (Rest)Einheimischen sowieso. Lösungen müssen her auf dem Aggregationsniveau des Politischen.

Nachwort

I.

Nicht abreißende Flüchtlingsströme in Bahnhöfen und Auffanglagern und die Beschwörung, dass Deutschland damit vor einer neuen Herausforderung stehe und dass „wir es schaffen" – die neue Agenda in der zweiten Jahreshälfte lässt Politik auf Wirklichkeit treffen. Der „Hype" um die Griechenlandrettungen ist fürs erste verklungen. Es scheint bis auf weiteres „gerettet". Das Erwachen wird folgen. Nun nimmt die Flüchtlingsfrage über Nacht den Rang des ersten Staatszieles an. Dass die Beschwörungen des „hellen Deutschland", wie es der Bundespräsident in einer hypermoralischen, manichäisch die Welt in Gut und Böse teilenden Weise formulierte, nicht lange haltbar war, hätte man ahnen können. Dem höchsten Repräsentanten ist indes anzurechnen, dass er seine Rhetorik in kurzer Zeit veränderte.

Umso peinlicher mutet es an, dass nach den Willkommensfesten, den Selfies und der Verehrung der Kanzlerin als „barmherziger Mutter der Flüchtlinge" in den überraschten Ländern und Kommunen die Überforderung Einzug hält. Dies liegt nicht an den kommunalen Verwaltungen und ihren gigantischen Anstrengungen, sondern an einer Illusionspolitik, die sich verbrauchen musste. Statistische Hochrechnungen, ob nun 800.000 Personen oder 1 Million im Jahr möglich und als „große Chance" für die Lösung des demographischen Problems auch wünschenswert seien, helfen nicht weiter. Maßgebliche politische Stimmen dachten von Anfang an offensichtlich an dauerhafte Integration. Deutschland sollte den Charakter des Einwanderungslandes, in kürzester Frist annehmen, verspätete Nation auch dabei, die etablierte Einwanderungsstaaten einholen sollte.

Diese Rhetorik ist hypermoralisch. Sie beruht auf Konzeptionslosigkeit und ist deshalb keineswegs human oder sittlich. Jenen, die blutig verfolgt werden, schuldet eine zivilisierte Gesellschaft Aufnahme auf Zeit, im Sinn des Kantischen Hospitalitätsrechtes. Doch dieses kann nicht für undefinierbare Menschengruppen ohne oder mit endloser Prüfung, und schon gar nicht kann es mit Rechtsbruch und Realitätsverweigerung verbunden sein.

Man muss nicht über prophetische Gaben verfügen, um zu erkennen, dass Migrationsbewegungen in der Einen Welt, die zugleich zutiefst gespalten ist und in der neue Formen von Kriegen, aber auch der ‚Fluch der bösen Tat' (P. Scholl-Latour), die Folge von unberechtigten Interventionen, ihren Tribut fordern, weiterhin bestimmend sein werden. Die Wohlfühl-Sentiments kommen an ihre Grenzen, wo Bürgerkriegszustände in Flüchtlingslager importiert und auf Dauer gestellt werden. Bei der gegenwärtigen Lage der Dinge dürfte sich in jenen Provisorien zunächst der Zündstoff entwickeln. Opfer und Täter in den Heimatländern werden eng aufeinandergepfercht. Hinzu kommt die trübe Aussicht, dass der IS die Flüchtlingskrise in Europa steuern und sich ihrer bemächtigen könnte. Stabilisierung und Sicherheit sind dann kaum denkbar. Diese Brandherde könnten in weitergehende Krisen in den Zielländern umschlagen, zumal wenn diese, wie Deutschland, kein Sensorium mehr für Möglichkeiten und deren Grenzen haben. Dies könnte zu einer ersten Eskalationsstufe eines neuen Bürgerkriegs führen. Seine zweite wäre die Konfrontation von Neufremden und Altfremden. Für Hass- und Brandaktionen gibt es niemals eine Rechtfertigung, gewiss. Doch die extremistischen Fratzen gleichen einander wie feindliche Zwillinge. Islamismus und rechtsextreme Schlägertrupps und ihre Parteigänger könnten gemeinsam Bonum Commune und öffentliche Ordnung gefährden.

Immerhin ist die Flüchtlingskrise vermehrt mit Einlassungen verbunden, die die Schattenseiten und damit auch die Grenzen der Integration thematisieren. Hierhin gehört auch die Einsicht, dass die gegenwärtigen massenhaften Migrationen auf kulturelle Differenzen verweisen, die Analogien zu den Flüchtlingstrecks des 20. Jahrhunderts und den Umsiedelungen treffen deshalb den Kern nicht.

II.

Es bedarf angesichts der aktuellen Lage gründlicher Analysen, die über Tag und Stunde hinausreichen und gerade deshalb Handlungsanleitungen geben können, die nicht bereits morgen wieder Makulatur sind. Dazu tragen in dem hier vorgelegten schmalen Band die beiden Vizepräsidenten des Studienzentrums Weikersheim, die Professoren Jost Bauch und Karl Albrecht Schachtschneider bei: in hohem Aktualitätsbezug und zugleich in darüber hinausreichender grundsätzlicher Weitsicht. Bauch widmet sich zunächst dem Begriff und der Soziologie des ‚Fremden'. Er zeigt, dass die gegenwärtigen „Multiminoritätengesellschaften" soziologisch einem nie dagewesenen Druck und Stress ausgesetzt sind. Xenophilie wird zwar propagiert, doch der Lackmustest, wie stabil sie ist, dürfte schwer zu erbringen sein. Wenn es in einer Gesellschaft nurmehr Differenzen gibt, und mithin nur Fremde, so gibt es nach Bauchs Analyse faktisch keine Fremden mehr. Dieser ‚Antiessentialismus' mag von manchen Differenztheoretikern sogar ausdrücklich begrüßt werden. Er führt aber zu einer Schwächung des gesellschaftlichen Immunsystems und der sozialen Ligaturen. Sie dürfte, auch im Blick auf die gemeinsame Erinnerung und das Selbstverständnis, dramatischer sein als man sich heute bewusst macht. Differenzen kann man nur an Identität ablesen. Oder, mit Karl Valentin: „Der Fremde ist in der Fremde fremd".

Hier schließt Bauchs zweiter Aufsatz über den langen Abschied vom Nationalstaat an. Bauch zeigt, dass es eine lange und umwegige Annäherung an diese Rechts- und Politikform gab, die man bereits mit der griechischen Polis ansetzen kann: Deren Mauern setzen Grenzen, innerhalb deren Freiheit erst möglich wird. Und mehr als die Mauern zählen die Menschen, die, so Heraklit, diese Grenzen zu verteidigen in der Lage und aufgefordert sind. Bauch sieht die Historizität des Nationalstaates, und er bestreitet keineswegs dessen Konstruktcharakter. Ein gemäßigter Konstruktivismus ist dem Luhmann-Schüler keineswegs fremd. Doch er sieht auch die davon abgeleiteten dauerhaften Wirkungen: nicht zuletzt die einklagbare Rechtsstaatlichkeit und Freiheit, die bislang adäquat auf kein übernationales Staatengebilde übertragen werden konnte; aber auch einen National-Charakter, der, wie Richard Wagner und Thea Dorn jüngst gezeigt haben, über Stereotypen hinausgeht. Er überlebt in anderen Ländern als Sehnsuchts- und Schreckgebilde länger als zumal in Deutschland. Er zieht an, entfaltet eine Faszinations- mitunter auch eine Abwehrgeschichte. Doch ein abstrakter Internationalismus kann ihn nicht ersetzen. Auch als Humanum nicht. Sind doch in einer derart abstrakten Humanitätswelt sowohl die Möglichkeiten zum Exil wie auch die Widerstandsressourcen marginalisiert. Das Wort von der „Leitkultur" mag wenig glücklich sein-‚gerade Toleranz und gesteuerte Zuwanderung bedarf einer kulturellen Selbstachtung, ohne die weder die aufnehmende Gesellschaft noch die Zuwanderer auskommen dürften.

Karl Albrecht Schachtschneiders große Abhandlung zeigt die Rechtslage der gegenwärtigen Einwanderung in kristalliner Berufung auf das Grundgesetz und sein überpositives Fundament im Sittengesetz. Schachtschneider schließt damit an seine Rechts- und Souveränitätslehre an und er legt den Geist des Grundgesetzes gegenüber seiner schleichenden Aushöhlung und Erosion auch in diesem Feld frei.

Diesen vier Beiträgen ist große Aufmerksamkeit zu wünschen. Sie zeigen die intellektuelle Kapazität des Studienzentrums Weikersheim, dem es um eine Positionierung zu den Leitfragen dieser verwirrten und verwirrenden Zeit geht, das dabei aber in seiner sachlichen Analyse strikt überparteilich bleibt. Nicht die Verzweiflung, nicht das Ressentiment, aber erst recht nicht der Ungeist der „Alternativlosigkeit" leiten diese Beiträge an, sondern die Tradition des politischen öffentlichen Professors, der sich über den Hörsaal hinaus an die raisonierende Öffentlichkeit wendet – aus Sorge um sein Land, um Europa und um seine Zeit. Man kann es sich in Zeiten wie diesen nicht erlauben, in nichtssagender Deskription zu verharren, nicht so und nicht so zu sagen, weil es danach heißen könnte, man habe so oder so gesagt. Dass sie sich diesem Opportunitätsdiktat, das das Gegenteil von kluger Gesellschaftsanalyse ist, nicht beugen, ist beiden Autoren zu danken.

Dem Buch sind viele Leser zu wünschen.

Harald Seubert. Oktober 2015.